· 能源经济文库 ·
加快生态文明建设 推动能源发展转型

进一步推进能源领域关键环节市场化改革

王仲颖 白泉 等◎著

中国经济出版社
CHINA ECONOMIC PUBLISHING HOUSE
· 北 京 ·

图书在版编目（CIP）数据

进一步推进能源领域关键环节市场化改革／王仲颖，白泉著．--北京：中国经济出版社，2022.10
ISBN 978-7-5136-7150-7

Ⅰ．①进… Ⅱ．①王… ②白… Ⅲ．①能源经济-市场改革-研究-中国 Ⅳ．①F426.2

中国版本图书馆 CIP 数据核字（2022）第 205944 号

责任编辑　姜　静　李玄璇
责任印制　马小宾
封面设计　任燕飞工作室

出版发行　中国经济出版社
印 刷 者　北京富泰印刷有限责任公司
经 销 者　各地新华书店
开　　本　710mm×1000mm　1/16
印　　张　13.75
字　　数　181 千字
版　　次　2022 年 10 月第 1 版
印　　次　2022 年 10 月第 1 次
定　　价　78.00 元
广告经营许可证　京西工商广字第 8179 号

中国经济出版社 **网址** www.economyph.com **社址** 北京市东城区安定门外大街 58 号 **邮编** 100011
本版图书如存在印装质量问题，请与本社销售中心联系调换（联系电话：010-57512564）

前　言

改革开放40多年来，我国能源领域市场化改革水平稳步提升，目前已经到了爬坡过坎的关键阶段，而进一步深化能源领域市场化改革是推动能源转型和绿色低碳发展的重要支撑。党的十八大以来，中共中央、国务院对能源改革进行了全面部署，但能源领域关键环节的市场化改革“深水区”多，不仅涉及面广，而且事关国家安全，所以改革进展较慢，效果也不尽如人意。

在当前形势下，进一步推进我国能源领域市场化改革，是构建更加成熟的社会主义市场经济体制和更加完善的要素资源市场化配置机制的内在需要，是推进高质量发展、建设现代经济体系的必然要求，是构建以国内大循环为主体、国内国际双循环相互促进发展格局的重要保障，也是顺应全球能源转型趋势、加快我国能源革命的必由之路。

本书从我国能源领域市场化改革现状出发，分析了市场化改革的难点和障碍，以还原能源商品属性、统筹能源转型发展与安全为目标，提出了“十四五”时期我国推进能源领域市场化改革的主要思路和改革重点，在此基础上，又进一步提出了我国电力、油气行业竞争性环节市场化改革的主要思路、重点任务和改革时间表，以期为读者了解我国能源领域市场化改革状况、研判未来能源市场走势提供参考。

作为课题组共同研究的结晶，本书由王仲颖、白泉负责全书的谋划、组织和指导，在创作期间由韩文科担任技术顾问并向本书提供全面指导。本书第一章由冯升波、苏铭执笔，分析了我国能源领域市场化改革的历程，以及当前深化能源领域市场化改革的必要性，从宏观层面指出了“十四五”时期推进能源领域重点行业和关键环节市场化改革的必要性。第二章由陶冶、白泉执笔，分析了我国油气和电力行业市场化改革关键环节及推进油气和电力行业市场化改革的机遇与挑战，提出油气和电力行业竞争性环节市场化改革是下一阶段的改革重点。第三章由蒋钦云执笔，探讨了能源领域市场化改革与能源安全的关系，提出了新时期通过能源领域市场化改革保障能源安全的思路。第四章由裴庆冰执笔，结合2020年土地、劳动力、资本、技术、数据等要素市场化配置改革的最新文件，探讨了这些要素的市场化配置改革对能源领域市场化改革的潜在影响。第五章由田磊、王仲颖、蒋钦云执笔，重点针对油气行业，提出了进一步推进市场化改革的主要思路。第六章由郑雅楠、白泉、陶冶、冯升波、熊小平、王仲颖执笔，主要针对电力行业，提出了进一步推进市场化改革的主要思路、重点任务、时间表和路线图。第七章由王仲颖、白泉、冯升波、田磊、郑雅楠、陶冶、裴庆冰、蒋钦云、熊小平、苏铭、韩文科执笔，在前面各章研究成果的基础上，提出了进一步推进能源领域关键环节市场化改革的总体思路、重点任务、时间表、路线图和保障措施。附录是电力现货市场建设试点调研报告，对我国八个电力现货市场试点2020年前的进展和问题进行了分析，此部分由熊小平、郑雅楠、冯升波、白泉、王仲颖执笔。

本书的创新点主要有以下六个方面。

第一，研判了“十四五”时期进一步推动我国能源领域市场化改革的新形势、新要求。“十四五”时期是我国开启全面建设社会主义现代化国家新征程的重要阶段，进一步推进能源领域市场化改革是“十四五”时期建立更加成熟的社会主义市场经济、完善要素资源市场化配置的客观需要，是推进高质量发展、建设现代经济体系的必然要求，是构建以国内大循环为主体、国内国际双循环相互促进的新发展格局的重要保障，是顺应全球能源转型趋势、加快我国能源革命的必由之路，全面深化能源领域市场化改革势在必行。

第二，分析了进一步推进我国能源领域关键环节市场化改革面临的新机遇、新挑战。“十四五”时期是我国推进能源领域关键环节市场化改革的重要时期，既面临新发展理念推动、国企民企定位重塑、国家现代化治理体系重构等新机遇，也存在能源行业发展和政府治理体系转变难、企业发展跟不上市场需求变化、安全风险担忧等挑战。

第三，提出了进一步推进我国能源领域关键环节市场化改革应聚焦的两大行业及竞争性环节的市场化改革重点。提出将推动能源领域市场化改革聚焦于油气和电力两个行业，进一步将重点聚焦在油气和电力产业链中的竞争性环节。本书厘清了油气、电力行业的自然垄断性环节和竞争性环节边界，将油气行业市场化改革聚焦于油气资源勘探开发、石油储备和天然气消费三个竞争性环节，将电力行业市场化改革聚焦于发电上网、购售电两个竞争性环节。

第四，提出了能源领域关键环节市场化改革的总体思路和目标。思路以油气、电力行业竞争性环节市场化改革为重点，以进一步厘清能源行业自然垄断环节和竞争性环节、在竞争性环节进一步完善市场体系为目标，以改革能源价格形成机制为支撑，以改革政府职能为保障，推动油气、电力行业竞争性环节实现多元竞争、公平竞争，通过市场化改革进一步激发市场活力。目标是“十四五”末在油气、电力行业全部竞争性环节实现充分竞争，建成高标准、开放型的油气和电力市场体系。

第五，提出了进一步推进油气行业关键环节市场化改革的主要思路。

第六，提出了进一步推进电力行业竞争性环节市场化改革的六项任务。聚焦于发电上网、购售电两个竞争性环节，针对电网企业业务范围与竞争性环节市场化改革需求不匹配等问题，提出了六项改革措施，制定了改革时间表和路线图。

本书在研究和撰写过程中，得到了中央财经领导小组办公室、国家发展改革委基础设施发展司、国家发展改革委价格司、国务院发展研究中心、国家发展改革委宏观经济研究院，以及国内多家企业领导、专家的指导与帮助，在此向他们表示衷心的感谢！

需要说明的是，本书涉及的课题研究是2020年4—10月开展的。之后，我国能源领域市场化改革进入快车道，电力行业市场化改革出台了一系列重要文件，本书指出的问题在一定程度上得到缓解。但是，与习近平总书记提出的“还能源以商品属性”的要求相比，能源领域市场化改革还有很多任务有待完成，本书的分析和判断仍具有参考价值。鉴于作者能力有限，本书难免存在一些问题，望读者及时指出、不吝赐教。

本书的观点仅代表课题组的观点和看法，不代表国家发展改革委等政府部门或课题成员所在单位的意见。特此说明。

课题组

2022年3月

目　录

第一章

我国能源领域市场化改革回顾与展望

党的十八大以来，社会主义市场经济体制不断完善，稳步推动能源革命向纵深发展。能源领域重点行业和关键环节市场化改革均取得了积极进展，竞争性环节的价格和业务有序放开，统一开放的能源市场体系初步建立，政府管理职能进一步转变。尽管我国能源领域市场化改革已取得明显进展，但能源领域关键环节的市场化改革还是面临着一些深层次的问题与矛盾，与新时期推进能源高质量发展的要求尚存在一定差距。本章在回顾我国经济体制改革及能源领域市场化改革历程的基础上，分析了深化能源重点领域和关键环节市场化改革存在的关键问题和面临的新形势，展望了改革总体方向。

一、我国经济体制改革回顾

我国社会主义市场经济建设的核心是通过引入市场机制和放开行业管制改造计划经济体制，而“放开市场管制和限制”是经济体制改革的重要依托。经过40多年的改革，我国大部分商品的价格已经由市场决定，部分生产要素的价格也正逐步市场化，除此之外，包括国有企业在内的经营型企业已经成为真正的市场主体。

（一）党的十八大之前的市场化改革

1. 探索商品经济阶段（1978—1991年）

“社会主义也可以搞市场经济”是邓小平同志在1979年11月与外宾谈话时首次提出的论断。1982年，党的十二大正式确立了“计划经济为主、市场调节为辅”的发展模式。1984年，党的十二届三中全会首次明确肯定社会主义经济是“在公有制基础上的有计划的商品经济”，强调“商品经济的充分发展，是社会经济发展的不可逾越阶段”。党的十三大在“有计划的商品经济”基础上进一步提出“计划与市场内在统一的体制”，经济活动逐渐向市场倾斜。

这一时期，市场在资源配置中的重要作用开始发挥，我国建立了“政府调节市场，市场引导企业”的“政府—市场—企业”传导机制，商品经济的极大发展，标志着我国“市场取向”的经济体制改革全面展开。首先，在企业取代政府部门成为掌握生产资料流通的主体的前提下，我国商品市场迅速发展。国家逐步放开了城乡集市贸易、个体经营和小商品价格，并对部分工业产品实行浮动价格，在此期间，农产品商品化率迅速提高，一批综合性或专业性的批发交易市场应运而生，专业性商业平台逐步建立。其次，配合推行有计划的商品经济。加快要素市场的建设，在资金市场，我国发展了一批非银行金融机构，组建了一批保险公司，证券业快速崛起，信托投资公司、财务公司以及各种外资银行也纷纷设立并逐步得到规范；在土地市场，我国承认了农村土地的承包经营权，确立了城市土地有偿使用的基本原则，允许城市土地使用权的出让、转让、出租、抵押以及划拨，并在此基础上加快促进各种方式的土地交易；在劳动力市场，我国开始允许公民自谋职业，提出了“在国家统筹规划和指导下，实行劳动部门介绍就业，自愿组织起来就业和自谋职业相结合”的就业方针，实施劳动合同制，劳动力市场逐渐开始活跃；在技术市场，我国开始承认技术产权的个人归属，陆续在全国各地建立健全了技术市场管理机构，并推进技术产权自由灵活交易。再次，配合企业改革。我国加快国有企业经营权改革，从“放权让利”逐步过渡到“两权分离”，并积极培育发展非国有企业，出现了合作经济、股份制、股份合作制等新的混合所有制企业形式。最后，推进价格改革，重点是转换价格形成机制。我国实施工业生产资料双轨制价格体制，并开始着手垄断行业改革，在电力、天然气、铁路、民航、电信等行业加快破解“政企合一”的现象。此外，我国还开始探索市场竞争管理体系，逐步归口市场监管。

2. 建立社会主义市场经济体制阶段（1992—2001 年）

1992 年，党的十四大明确了经济体制改革的目标是建立社会主义市场经济体制，提出建立全国统一开放的市场体系，以实现城乡市场紧密结合，国内市场与国际市场相互衔接。1993 年，党的十四届三中全会又通过了《中共中央关于建立社会主义市场经济体制若干问题的决定》，全面描绘了社会主义市场经济体制的基本蓝图和推进改革的基本举措，提出了

"要着重发展生产要素市场，规范市场行为，打破地区、部门的分割和封锁，反对不正当竞争，创造平等竞争的环境，形成统一、开放、竞争、有序的大市场"。

这一时期，我国加快探索社会主义市场经济体制的模式，并在市场经济建设中加快改革开放，形成了中国特色社会主义市场经济的雏形。第一，商品市场逐步丰富，市场平台不断健全，尝试新建了一批商品期货市场。第二，规范要素交易和完善要素市场体制。在资金市场，我国统一的证券市场开始形成，一系列资本市场的法规颁布完善了市场监管，"一行三会"分业监管格局基本形成；在土地市场，我国进一步规范和管理土地市场，避免市场交易带来的城市建设乱占滥用耕地与耕地流失问题；在劳动力市场，我国逐步提升不同层次劳动力就业的灵活性，并规范劳动力就业市场机制，为劳动力自由流动创造良好环境；在技术市场，我国逐步确立技术成果转化的具体规则与机制，为技术市场交易规范化和制度化提供重要保障。第三，加快国有企业所有权改革，完善非国有企业政策体系，促进国有企业股份制改造。通过"抓大放小"的模式推动国有企业战略性重组，并推进国有资产监管体制改革；非国有企业发展的政策体系不断完善，进一步提升非公有制经济的整体地位。第四，全面放开了竞争性商品价格，逐步实现生产资料价格"双轨制"的并轨，开始推进土地、资本、劳动力、技术等生产要素的市场化改革；垄断行业企业改革延续了前一阶段"政企分开"的思路，并着重在"政企分开"后引入竞争机制和不断促进垄断行业企业治理结构优化。第五，以立法为手段，辅之以行政命令和专项政策，完善市场竞争管理法律体系，持续改善市场监管体系。

3. 完善社会主义市场经济体制框架阶段（2002—2012 年）

2002—2012 年是社会主义市场经济体制的完善时期，市场化改革进一步深化。2002 年，党的十六大报告指出，要健全现代市场体系。党的十六届三中全会通过的《中共中央关于完善社会主义市场经济体制若干问题的决定》中，再一次强调完善社会主义市场经济体制的主要任务之一就是建设统一、开放、竞争、有序的现代市场体系。2007 年，党的十七大报告进一步指出："加快形成统一、开放、竞争、有序的现代市场体系，发展各类生产要素市场，完善反映市场供求关系、资源稀缺程度、环境损害成本的生产要素和资源价格形成机制。"

这一时期，我国市场化改革和市场经济建设的重点任务是，在前期基础上进一步健全和完善社会主义市场经济体制的基本框架。第一，积极发展商品电子交易，实现了大宗商品的网上交易、交收和结算，涌现出多家具备一定规模、交易活跃的大宗商品"中远期"电子交易平台，大宗商品市场在交易规则、运行机制、法律制度等方面与国际市场接轨步伐加快，在国际市场商品定价话语权有所增强，成为国际市场体系的重要组成部分。第二，逐步完善要素交易机制，逐步形成了沪深主板、中小板、创业板、三板（含新三板）市场、产权交易市场、区域性股权交易市场、债券市场、外汇市场、期货市场等多种交易平台，加快推进和健全公开土地出让制度，加快完善市场化就业机制，逐步提出强化科技激励的战略举措，建设形成市场化的技术转移机制，提升了要素市场发育程度。第三，建立优化国有资产管理体制，明确要求中央和地方两级政府设立专门的国有资产管理机构，改变部门分割行使国有资产所有者职能，加大股份制改革力度，建立完善的董事会；加快提升非公有制经济的市场地位，《国务院关于鼓励支持和引导个体私营等非公有制经济发展的若干意见》（"旧 36 条"）和《国务院关于鼓励和引导民间投资健康发展的若干意见》（"新 36 条"）相继出台，非公有制经济的一些重要经济权益，如市场准入、财税金融支持等从政策层面得到了保障。第四，稳步有序推进价格改革，完善价格市场形成机制，通过价格管理职能转型，明确价格系统工作导向是"定规则、当裁判、搞服务"；放松竞争性领域市场准入和价格管制，积极鼓励民间资本进入自然垄断行业领域经营。第五，确立竞争政策基本框架，2008 年《中华人民共和国反垄断法》正式颁布和实施，以《中华人民共和国反垄断法》《中华人民共和国反不正当竞争法》《中华人民共和国价格法》《中华人民共和国招标投标法》等为主体的竞争法律体系基本形成，监管机构框架不断健全。

（二）党的十八大以来的全面深化改革

2013 年，党的十八届三中全会通过的《中共中央关于全面深化改革若干重大问题的决定》明确指出："建设统一开放、竞争有序的市场体系，是使市场在资源配置中起决定性作用的基础。必须加快形成企业自主经营、公平竞争，消费者自由选择、自主消费，商品和要素自由流动、平等交换的现代市场体系，着力清除市场壁垒，提高资源配置效率和公平性。"2017 年，党的十九大报告也提出："经济体制改革必须以完善产权制度和要素市场化配置为重点，实现产权有效激励、要素自由流动、价格反应灵活、竞争公平有序、企业优胜劣汰。"这些既为我国市场化改革明确了方向，又为我国下一步市场经济建设提出了总体目标。

2013 年底以来，我国加快推进市场化改革，并逐步完善市场经济管理体系，社会主义市场经济体制模式得以深化发展。第一，规范商品交易市场。一系列部门规章与规范性文件相继出台，我国商品现货和期货市场已经形成由法律、法规和若干部门规章、规范性文件组成的法规体系，建立健全市场运行监测体系和应急管理系统，完善交易所交易制度，促进大宗商品市场向着与国际市场接轨并逐步掌握价格形成主导权的目标前行。第二，完善要素产权制度。逐步完善中国特色社会主义市场经济要素交易制度的建设，促进要素规范交易与流转，并以此推进要素市场化程度的提升。第三，分类、分层推进国有企业混合所有制改革。完善治理、强化激励、突出主业、提高效率，逐步完善国有资产监管体制和现代企业制度；加快非公有制经济发展，特别是鼓励创新创业和小微企业发展，为企业营造健康成长环境，弘扬优秀企业家精神。第四，加快完善价格主要由市场决定的机制。确立了“定规则、当裁判、做协调、搞服务”的新职能定位，加快了价格“放管服”改革步伐，全面深化垄断行业价格改革，完善了农产品、能源、交通运输、环境、医疗、公用事业和公共服务等重点领域价格形成机制，逐步形成了促进绿色发展的价格政策体系。第五，确立竞争政策基础性地位，2016 年颁布了《国务院关于在市场体系建设中建立公平竞争审查制度的意见》，逐渐确立了一个政策制定、行政执法、竞争倡导得更加完善的竞争政策体系；加快“大监管”体系建设，组建了市场监管总局、环境保护部、应急管理部三个“大部制”的监管部门，在加强统一市场监管机构建设方面取得了历史性突破。

二、能源领域市场化改革进程

作为国民经济发展重要的基础产业，能源领域在过去的 40 多年中以改革推动发展，在发展中深化改革，为国民经济和社会发展提供了强有力的物质支撑。梳理能源领域市场化改革历程，总结其改革与发展经验，对于进一步深化能源领域市场化改革具有重要意义。

（一）能源领域市场化改革的历史背景与内在动因

改革开放初期，能源领域处于垂直一体化、政企合一、国家垄断经营和实行计划经济的状态。而同一时期，世界范围内正孕育着市场化改革浪潮。具体而言，能源领域市场化改革的历史背景有以下几点：一是垂直一体化特征明显。以石油行业为例，从上游的油气资源勘查开采与原油进口，到中游的管网运输与门站配送，再到下游的炼化、销售以及成品油进出口等业务，上中下游都是在垂直一体化企业内部来完成的。二是政企职能合一。对于能源企业而言，其集合了能源生产经营、政策制定、行业监管、国有资产管理等多种职能，既承担微观的生产厂商职能，又承担宏观的行业管理职能，还承担着教育、医疗、环卫等社会职能。三是国家垄断经营。由于能源领域地位的特殊性，在改革开放初期，国家以国有资本占绝对主导地位且严格限制民营企业和外资企业等社会资本进入的形式实施行业管理。四是计划经济色彩深厚。能源领域的建设计划、资金安排、价格收费、成本核算、物资调配、产品分配等全部由国家计划包办，经营利润也要全部上缴国家。五是全球市场化改革浪潮涌动。以英国“撒切尔主义”为代表，铁路、邮政、电力、油气、城市公用事业等的市场化改革在英国、欧洲大陆和北美等地轰轰烈烈地开展。制定法律法规，放松经济性管制，培育竞争性市场，实行大规模私有化，推动产业重组，建立规制机构等一系列改革举措相继出台，推动西方国家形成垄断性行业市场化改革的浪潮。

20 世纪 80 年代中期我国能源领域市场化改革的根本原因在于国民经济紧运行条件下严重的长期供给短缺。受市场准入、投融资管理和价格形成机制等体制性制约，我国长期处于能源供给短缺的状态，能源供给短缺成为我国国民经济和社会发展的最大掣肘。据统计，截至 1986 年底，我国电力装机缺口 1400 万~1500 万千瓦，发电量缺口达 600 亿~700 亿千瓦时，全国有近 35%的农户没有用上电，拉闸限电在全国范围内成为一种常态。此外，行业垄断还极大地制约着能源生产与服务效率的提高。在计划经济体制下，能源企业不仅冗员现象严重，而且缺乏完全的投资决策权、经营自主权和价格决定权等基本权利，导致企业缺乏足够的改善生产效率和服务水平的愿望与能力，效率低下。

（二）能源领域市场化改革历程

从改革的主要议题和核心任务出发，将过去 40 多年来能源领域市场化改革所走过的历程大致分解为以下三个重要阶段。

第一阶段（20 世纪 80 年代初至 90 年代中后期）：探索试点、放权搞活与政企分开。该阶段的核心任务是通过放松准入缓解短缺，以及通过政企分开和经营责任制提高微观活力，同时进行“市场取向”改革的初步探索。电力行业，改革投融资体制和企业经营机制，着重缓解供需矛盾。油气行业，探索能源行业管理体制改革，推动“政企分开”，扩大企业的经营自主权。

第二阶段（20 世纪 90 年代末至党的十八届三中全会召开）：产业重组、应对加入 WTO（世界贸易组织）带来的挑战与市场化改革启动。核心任务是推进产业拆分重组，应对加入 WTO 带来的挑战，实质性地推进市场化改革。电力行业，将国家电力公司管理的发电资产重组为中国华能集团有限公司、中国国电集团有限公司、中国大唐集团有限公司、中国华电集团有限公司和中国电力投资集团有限公司五大发电集团，电网业务拆分重组成国家电网有限公司和中国南方电网有限责任公司两大企业，等等。油气行业，1998 年中国石油天然气集团有限公司和中国石油化工集团有限公司正式宣告成立。

第三阶段（党的十八届三中全会召开以来）：加快市场化改革、价格改革与优化结构阶段。该阶段的核心任务是落实党的十八届三中全会精神，深化市场化改革，加快价格形成机制改革，优化市场结构。电力行业，2015 年印发的《中共中央　国务院关于进一步深化电力体制改革的若干意见》拉开了新一轮电力体制改革的大幕。油气行业，2017 年 5 月中共中央、国务院印发了《关于深化石油天然气体制改革的若干意见》，明确了我国油气行业体制改革的方向、目标、路径和主要任务。

（三）能源领域关键环节市场化改革现状

按照“管住中间、放开两头”总体思路，能源领域不断深化市场化改革，着力还原能源商品属性，处理好政府和市场的关系，努力发挥市场在资源配置中的决定性作用，更好发挥政府作用，不断为市场主体营造公平竞争的制度环境，主要包括以下三个方面。

1. 不断优化市场结构

区分自然垄断环节和竞争性环节，进一步放开竞争性领域市场准入，支持各类市场主体依法平等进入负面清单以外的能源领域，初步形成多元化市场主体参与的格局。深化油气勘查开采管理体制改革，对在我国境内注册的内外资企业开放油气勘查开采，在全国范围内探索油气探矿权竞争机制，提高油气资源配置效率。支持符合条件的企业参与原油进口、成品油出口。推进油气管网运营机制改革，提高油气资源配置效率。有序放开配售电业务，配电环节引入多元投资主体，售电环节引入竞争，深化电网企业主辅分离。深化国有能源企业改革，开展能源企业混合所有制改革试点工作，完善企业治理体制和经营机制，促进能源企业治理能力和发展活力提升。

2. 健全能源市场交易体系

推进能源交易体制改革，完善市场化交易机制，建设统一开放、竞争有序的能源市场交易体系。搭建能源交易平台，组建全国和区域性煤炭、石油、电力交易中心，积极推动能源市场化交易。逐步建立煤炭行业产能置换、中长期合同等机制，构建上下游产业互利共赢发展格局。持续推进天然气“产供储销”体系建设，完善油气进出口管理体制。在放开煤炭、钢铁、有色金属、建材等四个重点行业用户发用电计划试点基础上，全面放开经营性电力用户发用电计划，有序推动工商业用户参与电力市场交易。推动电力现货市场建设试点地区开展连续结算试运行，逐步形成以中长期交易为主、现货交易为补充的能源市场交易体系，不断扩大原油、煤炭等期货产品交易规模。推动电力辅助服务市场范围不断扩大，实现调峰资源更大范围的优化配置。

3. 完善主要由市场决定能源价格的机制

第一，有序放开竞争性环节价格。推动燃煤发电实现“基准价+上下浮动”的市场化价格机制，平稳推进以竞争性招标方式确定新建光伏发电、风力发电项目上网电价，推动跨省跨区按照“风险共担、利益共享”原则协商或通过市场化方式形成送电价格，有序推动工商业用户通过市场化方式形成用电价格。缩短成品油调价周期，建立油价调控风险准备金，放开液化石油气、非常规天然气及液化天然气气源价格。通过分步推广，全面理顺非居民用气价格，明确所有进入交易平台公开交易的气量价格由市场交易形成。

第二，逐步建立输配价格监管体系。按照“准许成本加合理收益”原则，合理制定电网、天然气管网输配价格。实施定价成本监审、电网和专项工程定价办法、配电定价指导，探索实施配电网激励性定价，开展两轮输配电成本监审和电价核定。改革天然气管道运输定价机制，强化配气价格监管，开展成本监审，构建天然气输配领域全环节价格监管体系。

第三，创新和完善促进绿色发展价格机制。对高耗能、高污染、产能严重过剩行业用电实行差别化电价政策，全面推行阶梯电（气）价制度，完善峰谷分时电价、环保电价支持政策，建立北方地区清洁供暖电价机制，开展清洁能源消费替代与可再生能源电力消纳相结合的绿色电力交易，降低绿色电价。

三、能源领域市场化改革存在的关键问题

经过40多年改革与发展，能源行业以增量带动存量的边际改革总体上取得了显著的成效，但随着市场化改革步入“深水区”，深层次体制矛盾已逐步显现，具体表现在以下五个方面。

1. 市场准入障碍尚未彻底消除，市场竞争还不充分

在电力、石油和天然气的资源勘探与开发利用等上游领域，国有资本仍然占据着绝对主导地位，社会资本进入还面临着很多困难；在一些地区，行政性垄断、地区垄断与市场分割等现象还不同程度地存在并相互交织；民营资本无论是进入竞争性业务领域，还是进入垄断性业务领域都还存在一定的壁垒，包括民营资本进入政府与社会资本合作项目（Public-

Private-Partnership，PPP）还面临法规、营商环境、配套融资、市场透明度等多方面的困难，实际推进情况与政策预期还存在一定差距，等等。

2. 能源价格形成机制改革仍未完全到位

2017年国家发展和改革委员会颁布了《关于进一步加强垄断行业价格监管的意见》，提出在输配电、天然气管道运输等领域要加快定价机制改革步伐。但目前，电力、成品油、天然气等行业仍然以政府定价为主。垄断环节价格核定科学精细化程度有待加强，成本补偿机制不完善，交叉补贴金额测算口径和分摊方法未达成共识。竞争性环节市场化不充分，燃气机组、抽水蓄能电站等高价机组成本疏导至销售侧的机制尚未完善。居民用气定价机制不完善，非居民用气价格尚未市场化。油气储备制度不完善，投资主体单一，储气调峰定价机制尚未建立。

3. “管住中间”未有突破性进展

多年来，对电力、油气等行业的改革模式进行了深入和广泛的讨论与研究，也提出了许多建设性和探索性的改革方案和模式，但总的来看，这些未取得实质性进展。例如，“管住中间，放开两头”既是电力体制改革的基本思路，也是电力体制新架构的顶层设计。是否真正确立了符合国情，符合电力市场要求的电力体制新架构，是决定本轮电力体制改革能否顺利进行并最终取得成功的关键。尽管输电网与配电网都具有自然垄断的特性，但两者垄断的本质大不相同，输电网的垄断是对全局的垄断，几乎是绝对的；配电网的垄断是对局部，甚至只是对一个很小局部的垄断，具有相对性。应当全面、客观、辩证地看问题，抓住事物的本质。以输电网和配电网都具有“垄断性”为由，将两者捆绑在一起，作为按同一个尺度管住的“中间”，不仅不符合电力系统自身的技术规律和现代电网的发展方向，而且会极大地阻碍电力体制改革的深化。此外，增量配电网试点工作推进缓慢，选择试点省网进行输配分开实质性改革迟迟不见突破。

4. 能源领域法治体系尚待完善

能源领域法律法规的制定和修订滞后于能源发展与改革进程，能源管理实践中一些行之有效的成熟政策没能及时上升为法律和行政法规，未能体现立法先行对能源体制改革的驱动作用。能源领域公平竞争审查制度尚未建立，行业壁垒、企业垄断，违法给予优惠政策或减损市场主体利益等不符合公平竞争的现象仍然存在。执法过程中存在手段较为传统、违法惩治力度不足等问题，不符合清洁低碳安全高效的现代能源体系建设要求。

5. 能源监管体系亟待调整

中央与地方职责关系尚未理顺，能源规划、监管机构职能不明晰。政府与市场边界不够清晰，能源市场行政壁垒较突出，能源领域对外开放不断扩大、行政审批取消和下放后，部分后续监管对接机制不到位。监管职能分散，部门间监管目标不一致、监管措施不协调，垄断环节成本监审和价格核定科学化、精细化、规范化程度不足。对市场运行、公平接入、普遍服务、投资者及消费者保护，以及电网、天然气管线、热力管线等监管，还有各地区和重点用能企业节能工作的监察等均有待加强。

四、加快完善社会主义市场经济体制的新要求

（一）新时代对加快完善社会主义市场经济体制提出新要求

2020 年 5 月 11 日，中共中央、国务院印发《关于新时代加快完善社会主义市场经济体制的意见》（以下简称《意见》），是贯彻落实党的十九届四中全会精神、推进国家治理体系和治理能力现代化、巩固中国特色社会主义基本经济制度的重大改革举措，对坚持和完善社会主义市场经济体制和推进新时代经济体制改革有着极其深远的影响及重要意义。

1. 新时代加快完善社会主义市场经济体制具有重大意义

党的十九届四中全会对社会主义基本经济制度作出了新概括，赋予了

社会主义基本经济制度全新内涵。特别是首次提出将社会主义市场经济体制作为社会主义基本经济制度的重要内容，是对我国改革开放实践成就的总结升华，是对进一步建设高标准市场体系的深刻认识，成为新时代经济改革发展的基本遵循。《意见》是贯彻落实这一指导思想的重大发展，其核心是坚持市场化改革方向，牢牢扭住经济建设这个中心，协同推进其他领域改革，进一步解放和发展社会生产力；其目标是进一步明确完善社会主义市场经济体制，更好地推进国家治理体系和治理能力现代化，为促进更高质量、更有效率、更加公平、更可持续的发展夯实制度基础。

从历史上看，改革开放以来，我国市场经济发展已经实现了从无到有、从小到大、从封闭到开放的一系列重大转变，市场经济体制框架基本形成，市场机制作用不断增强，在我国经济持续快速发展、人民生活和消费水平稳步提高以及更好地融入全球市场的过程中，发挥了关键支撑作用和提供了重要的制度保障。在充分肯定成就的同时，也不应忽视我国在经济发展和运行过程中，部分环节仍存在束缚市场主体活力、阻碍市场和价值规律充分发挥作用的弊端。更为重要的是，我国经济社会发展进入新时代，正处在从高速增长向高质量发展、加快建设现代化经济体系的关键阶段，对加快完善社会主义市场经济体制提出了更高要求。因此，《意见》明确提出七大改革任务，对从广度和深度上推进社会主义市场经济体制改革作出了重要部署，既直面问题，更面向未来和高标准市场体系的建设要求，为新时代改革提供指引和抓手。

进入新时代，我国经济和社会发展的外部环境快速变化，为应对世界百年未有之大变局，迫切需要进一步深化改革开放，加快提升制度优势。一方面，全球新一轮科技革命方兴未艾，新技术、新产业、新模式不断涌现，迫切需要我们通过改革开放加快完善社会主义市场经济体制，实现创新要素的集聚和有效配置，以完善、高效的制度优势助推我国创新能力和全球竞争能力的提升；另一方面，加快完善社会主义市场经济体制，特别是通过制度型开放和对标国际先进制度规则，进一步提升我国在全球治理中的比较制度优势，提升我国在全球资源配置、全球治理方面的话语权和影响力，更好地参与全球资源配置“为我所用”，更好地参与全球治理以营造有利于我国的外部发展环境。

2. 新时代加快完善社会主义市场经济体制的改革核心和重点

第一，全面完善产权制度。产权是所有制的核心，产权制度是社会主义市场经济运行的基石，也是夯实社会主义市场经济体制基础性制度的首要问题。《意见》明确指出，要重点完善四个方面产权制度：一是完善以管资本为主的国有资产产权管理制度；二是强化产权保护制度；三是进一步明确农村土地“三权分置”制度；四是进一步强化知识产权保护制度，着力构建归属清晰、权责明确、保护严格、流转顺畅的现代产权制度。其改革的关键是完善平等保护产权的法律制度，健全物权、合同、知识产权相关法律制度，清理有违公平的法律法规条款，将平等保护作为规范财产关系的基本原则。

第二，全面实施市场准入负面清单制度。市场准入制度是丰富市场主体类型、激发市场主体活力的基础性制度。《意见》进一步强调，要优先放开服务业准入限制。要在各地自贸区负面管理清单模式的基础上，推行“全国一张清单”的管理模式，全面放宽各类市场准入。值得注意的是，全面实施市场准入负面清单制度，还需要解决“准入不准营”等方面的问题，因此，《意见》还对打破国有资本对金融、交通、电信和公用事业等领域的过度垄断，加大社会服务业的市场化改革，放宽民营经济进入社会服务业的门槛，进一步深化“放管服”和推动公共服务供给方式的多元化等方面的改革进行部署，有利于形成以市场准入负面清单制度建设为牵引、各项改革协调推进的格局，更好地促进改革红利加快释放。

第三，完善公平竞争制度。公平竞争是社会主义市场经济的核心，是实现资源优化配置和企业优胜劣汰的保障。改革开放以来，我国建立社会主义市场经济、促进竞争，实现了从引入竞争、促进竞争到促进公平竞争的阶段转换，进一步完善和落实公平竞争审查制度，强化刚性约束，成为现阶段我国竞争政策实施的重点，这对于解决行政性垄断、地方保护、产业政策不当干预都是行之有效的。完善公平竞争审查的关键是解决当前各部门、各地区自我审查问题，转向第三方审查、专业审查，清理存量政策。长期来看，完善反垄断立法，重点解决行政性垄断、地方保护、新经济领域的新型垄断问题也是十分迫切。此外，加强反垄断执法，加强竞争倡导等也是政策的关注点。

（二）“十四五”时期要加快构建以国内大循环为主体、国内国际双循环相互促进的新发展格局

党的十九届五中全会通过的《中共中央关于制定国民经济和社会发展第十四个五年规划和二〇三五年远景目标的建议》中明确指出，“十四五”时期要加快构建以国内大循环为主体、国内国际双循环相互促进的新发展格局，推进国家治理体系和治理能力现代化，实现经济行稳致远、社会安定和谐。形成新发展格局，必须以完善社会主义市场经济的供求机制、竞争机制、价格机制为基础，激发起经济主体形成新发展格局的内在驱动力。

从主动参与“国际大循环”到提出形成“以国内大循环为主体、国内国际双循环”，我国面临的发展阶段、内外环境、经济条件都发生了根本变化。当前，我国经济和社会发展既面临着国内社会主要矛盾发展变化带来的新特征、新要求，也面临着世界正经历百年未有之大变局下错综复杂的国际环境带来的新矛盾、新挑战，但重塑经济竞争体系、构建新发展格局依然需要激发各经济主体的内在驱动力，形成与这一格局相适应的动力机制。

第一，以市场为牵引激发市场主体的供求适配机制。破解我国人民日益增长的美好生活需要和不平衡不充分的发展之间的矛盾，始终是完善市

场体系、铸就强大国内市场的首要目标。要充分发挥国内超大规模市场优势，进一步激活市场主体，坚持供给侧结构性改革战略方向，扭住扩大内需战略基点，使生产、分配、流通、消费更多依托国内市场，提升供给体系对国内需求的适配性，形成需求牵引供给、供给创造需求的更高水平动态平衡，努力提升“双循环”新发展格局下的我国产业链、供应链现代化水平。

第二，变压力为动力，打造公平公正的竞争机制。保护主义上升、世界经济低迷、全球市场萎缩的态势将成为今后相当一段时期我国发展的外部环境，开拓国际市场面临前所未有的压力。然而，压力就是动力。我们要准确识变、科学应变、主动求变，通过建立更加充分的国内市场竞争机制，激活各市场主体的发展活力。一方面，要积极稳妥推进国有企业混合所有制改革，坚持有进有退、有所为有所不为，推进国有经济布局优化和结构调整，增强国有经济的竞争力、创新力、控制力、影响力和抗风险能力，做强做优做大国有资本，稳步推进自然垄断行业改革，加快实现竞争性环节市场化，切实打破行政性垄断，防止市场垄断。另一方面，要更大力度地支持民营经济发展，破除制约市场竞争的各类障碍和隐性壁垒，营造各种所有制主体依法平等使用资源要素、公开公平公正参与竞争、同等受到法律保护的市场环境。特别是对各类新经济、新业态、新模式既要促进充分竞争，也要适度审慎包容。

第三，深化要素市场化配置改革，加快完善市场发现的价格形成机制。实现要素价格由市场决定、流动自主有序、配置高效公平的要素市场化是建立更高水平、更高质量的社会主义市场经济体制的基础，也是畅通国内经济体系在生产、分配、流通、消费各环节的堵点、痛点、难点，加快建设统一开放、竞争有序的市场体系的关键。要建立健全劳动力、土地、资本、数据、技术等生产要素的统一开放的要素市场，完善主要由市场决定价格的机制，最大限度减少政府对价格形成的不当干预，创新要素市场化配置方式，完善商品市场运行和监管规则，构建优势互补、协作配套的现代服务市场体系，切实降低要素流动的制度性交易成本。

五、“十四五”时期深入推进能源领域市场化改革形势展望

“十四五”时期是新时代加快完善社会主义市场经济体制的起步期，是继续破除体制机制障碍、推进经济高质量发展的攻坚期，要在更高起点、更高层次、更高目标上推进经济体制改革及能源体制改革。“十四五”时期也是进一步落实“四个革命、一个合作”的能源安全新战略，推动能源高质量发展的关键期，我国将面临持续提高能源效率、保障多元安全能源供应、创新引领能源科技发展等新的形势，对深化能源领域重点行业和关键环节市场化改革，推动能源治理体系和治理能力现代化提出了迫切要求。

（一）构建更加成熟的社会主义市场经济体制和更加完善的要素资源市场化配置机制的内在需要

我国社会主义市场经济建设的核心，是着力构建市场机制有效、微观主体有活力、宏观调控有度的经济体制。改革开放就是我国对社会主义市场经济体制不断探索和完善的过程。经过 40 多年的改革，我国大部分商品价格已经由市场决定，部分要素市场价格也正逐步市场化。能源领域一直是市场化改革的“硬骨头”和“深水区”。煤炭、石油、天然气、电力、热力等能源行业中，煤炭的市场化改革进程较快，石油、天然气、电力、热力等能源行业的市场化改革进程明显滞后。党的十九届五中全会明确提出“十四五”时期“社会主义市场经济体制更加完善，高标准市场体系基本建成，市场主体更加充满活力”等主要目标，作为我国经济和社会发展的血液和基石，能源领域亟待加快市场化改革步伐和改革力度。

2020 年，《中共中央　国务院关于新时代加快完善社会主义市场经济

体制的意见》《中共中央 国务院关于构建更加完善的要素市场化配置体制机制的意见》印发实施，就完善社会主义市场经济体制和关键领域改革作出重大部署。提出“以完善产权制度和要素市场化配置为重点，全面深化经济体制改革，加快完善社会主义市场经济体制，建设高标准市场体系，实现产权有效激励、要素自由流动、价格反应灵活、竞争公平有序、企业优胜劣汰”的总体要求，对于能源领域则强调要严格监管自然垄断环节，加快实现竞争性环节市场化，构建有效竞争的电力市场，健全竞争性油气流通市场。能源市场是我国社会主义市场经济的重要组成，深化能源领域市场化改革是加快完善我国社会主义市场经济体制、优化要素市场化配置机制的内在需要。

（二）推进高质量发展、建设现代经济体系的必然要求

党的十九大报告指出，我国经济已由高速增长阶段转向高质量发展阶段，正处在转变发展方式、优化经济结构、转换增长动力的攻关期，建设现代化经济体系是我国发展的战略目标和优化经济结构的迫切要求。建设统一开放、竞争有序的市场体系，是建设现代经济体系的六个任务之一，也是推动经济高质量发展的必然要求。

高质量发展，要求我国经济发展要坚持质量第一、效益优先，实现质量变革、效率变革、动力变革。能源是推动我国经济高质量发展、建设现代经济体系不可或缺的自然资源要素。充分发挥市场在资源配置中的决定性作用，还原能源商品属性，完善价格形成机制，激发市场动力和活力，构建公平开放、有效竞争的能源市场体系，对推动社会生产生活方式变革，构建现代化经济体系具有重要的支撑和驱动作用。

（三）畅通国内大循环、促进国内国际双循环的重要保障

党的十九届五中全会提出“加快构建以国内大循环为主体、国内国际双循环相互促进的新发展格局”的指导方针，对推动我国加快完善社会主

义市场经济体制具有重大意义。加快推进市场化改革，做大做强国内市场，打破行业垄断和地方保护，优化供给结构，改善供给质量，破除妨碍生产要素市场化配置和商品服务流通的体制机制障碍，降低全社会交易成本，协同推进强大国内市场和贸易强国建设，以国内大循环吸引全球资源要素，充分利用国内国际两个市场两种资源。

能源行业经过 40 多年改革与发展，以增量带动存量的边际改革总体上取得了显著的成效，但距离强大国内市场仍有差距，以强大国内市场促进新发展格局加快形成，仍面临着不少体制机制约束。能源领域坚定不移推进市场化改革，坚定不移扩大开放，破除制约能源高质量发展的体制机制障碍，强化有利于提高资源配置效率的重大改革开放举措，持续增强发展动力和活力，是贯彻新发展理念、构建新发展格局的重要保障。

（四）顺应全球能源转型趋势、加快我国能源革命的必由之路

从国际看，进入 21 世纪，全球已步入绿色低碳发展的能源转型之路。从世界各国能源发展的经验看，由市场配置资源是实现本国能源转型的基础。尽管各国的发展情况和市场状况以及发展阶段不同，但改革的具体措施都是从引入竞争、增强要素流动性、服务好用户的共同目标出发，从而打破垄断，放松政府管制，让竞争性的市场机制充分发挥作用。能源企业在竞争市场中为全社会共同利益而努力奋斗，是近年来全球能源转型条件下能源行业发展的共同道路。

从国内看，习近平总书记 2014 年在提出能源生产和消费革命时指出，要推动能源体制革命，打通能源发展快车道。要坚定不移推进改革，还原能源商品属性，构建有效竞争的市场结构和市场体系，形成主要由市场决定能源价格的机制，转变政府对能源的监管方式，建立健全能源法治体系。习近平总书记将“还原能源商品属性”作为能源体制革命的重要目标，既顺应了全球能源发展大势，又指明了我国能源需要在市场结构、市场体系、价格机制、政府监管四个方面加快改革，以市场化改革推动能源

革命目标早日实现。

（五）“十四五”时期全面深化改革，构建高水平社会主义市场经济体制的重要任务

党的十九届五中全会明确提出“全面深化改革，构建高水平社会主义市场经济体制”，“坚持和完善社会主义基本经济制度，充分发挥市场在资源配置中的决定性作用，更好发挥政府作用，推动有效市场和有为政府更好结合”，强调推进能源行业竞争性环节市场化改革，优化民营经济发展环境，破除制约民营企业发展的各种壁垒。

《中共中央　国务院关于进一步深化电力体制改革的若干意见》《关于深化石油天然气体制改革的若干意见》印发实施以来，电力、油气等垄断行业改革取得了重要进展，但仍面临一些深层次的问题和矛盾。电网企业运营模式尚未根本改变，竞争性业务市场化改革仍待深化。社会资本进入部分领域仍面临壁垒，市场活力尚待进一步激发，竞争政策的基础性地位仍待加强，多元化市场主体有效竞争格局尚不成熟。能源市场机制不完善，市场交易品种不丰富，市场化交易规模总体偏小，市场交易尚不规范，规则尚不统一。能源价格尚未准确反映资源成本、供求关系和环境成本，市场配置资源的决定性作用难以充分发挥。进一步推进能源领域关键环节市场化改革，尤其是加快推进竞争性环节市场化改革，是“十四五”期间能源行业面临的紧迫攻坚任务。

参考文献

［1］国家发展改革委宏观经济研究院市场与价格研究所．市场决定的伟大历程［M］．北京：人民出版社，2018.

［2］国务院发展研究中心．深化垄断性行业改革的挑战与应对思路

[J]. 调查研究报告，2019（118）：1-11.

[3] 国务院发展研究中心. 我国垄断性行业改革的历程与经验启示[J]. 调查研究报告，2019（116）：1-10.

[4] 国务院发展研究中心. 中国行政管理体制改革40年：回顾与展望[J]. 调查研究报告，2019（154）：1-10.

[5] 中共中央关于坚持和完善中国特色社会主义制度　推进国家治理体系和治理能力现代化若干重大问题的决定[N]. 新华网，2019-11-05.

[6] 中共中央　国务院关于深化石油天然气体制改革的若干意见[N]. 2017-05-21.

[7] 中共中央　国务院关于新时代加快完善社会主义市场经济体制的意见[Z]. 2020-05-11.

[8] 中国共产党第十九届中央委员会第五次全体会议文件汇编[M]. 北京：人民出版社，2020.

第二章

油气和电力行业市场化改革的机遇和挑战

油气和电力行业是我国未来能源发展的核心命脉。推动油气和电力行业市场化改革，关键在于厘清油气和电力行业的垄断环节与竞争性环节，对垄断环节加强监管，对竞争性环节进一步推动市场化改革。本章梳理了油气和电力行业的垄断环节和竞争性环节，分析了竞争性环节实施市场化改革的潜在机遇，以及在这些环节进一步推动市场化改革面临的挑战。

党的十九届五中全会提出："坚持和完善社会主义基本经济制度，充分发挥市场在资源配置中的决定性作用，更好发挥政府作用，推动有效市场和有为政府更好结合。"这是我们党对科学把握市场与政府的关系进行的深刻总结，明确指出了当前和今后一个时期深化社会主义市场经济体制改革的方向。将社会主义与市场经济的优势有机结合，是我国独特的制度优势，也是中国经济取得增长奇迹的重要原因。通过全面深化油气和电力行业市场化改革，努力构建高水平社会主义市场经济体制，使能源领域市场化改革活力充分激发，创造更多社会财富。

一、我国油气和电力行业发展面临的形势

（一）油气产业决定大国博弈的底气

1. 油气产业国际合作风险凸显

国际政治经济格局变化和能源地缘博弈增加了能源国际合作风险。一方面，"十四五"时期，受新冠肺炎疫情影响世界秩序将如何演变，逆全球化、保守主义态势，单边主义、排他性区域经贸安排、"美国优先"走到何种程度，大国博弈到何情境等，将对双边、多边、诸边的区域和全球经贸投资合作产生重大而深远的影响，对能源领域双多边区域性合作带来新的不确定性。另一方面，能源地缘博弈日趋激化，能源领域双多边合作机制面临挑战。以油气行业为例，其双多边合作机制面临新的风险。一是

OPEC（石油输出国组织）日渐式微，地缘政治和国家利益导致 OPEC 内部分裂严重，同时因地缘政治凌驾于多边合作机制之上，再加上集“油气生产大国、油气消费大国和油气出口大国”三重属性于一身的“能源新美国”出现，既往的“OPEC+”合作模式面临挑战。二是随着美国逐渐转变为石油净出口国，在国际能源署框架下的政策协调或将越发困难。三是油气行业一些区域性合作机制面临“僵尸化”风险，“走出去”合作面临困难和挑战。可以预料，受地缘政治、供需格局等多方面因素影响，油气行业的双多边合作，既面临“拉拢”与“施压”，也面临“打压”与“阻挠”的风险，这将增加能源国际合作的不确定性。

与发达国家相比，我国参与海外能源投资与合作时间相对较短，参与区域和全球能源治理的经验和程度较为有限，在区域和全球能源治理中的话语权和影响力与我国能源生产大国、消费大国和进口大国的地位不相称，我国通过多边能源合作充分体现自身利益诉求仍任重道远。再加上新冠肺炎疫情的冲击，个别西方国家不遗余力地散布“中国威胁论”等负面消息，我国能源企业“走出去”，无论是权益绿地投资、股权投资并购、资源开发利用、产能合作升级，还是技术、产品、服务、标准输出与推广等方面，或将面临各种新的风险和挑战。

2. 油气供应链不确定性增加

新冠肺炎疫情既是对全球供应链弹性、韧性和安全性的一次压力测试，也是对经济全球化和区域一体化未来演进的一次严峻考验，全球化背景下的国际供应链在新冠肺炎疫情影响下面临新一轮挑战，新冠肺炎疫情后全球化面临撕裂的风险正在增加，全球产业链、供应链、价值链安全稳定面临严峻考验。在“十四五”乃至更长时期内，受新冠肺炎疫情影响，世界百年未有之大变局将变得更加错综复杂，大国博弈或将进一步加剧，结构性“去全球化”不排除加速的可能，这将对能源等重要领域的供应链安全提出严峻挑战。“十四五”及中长期，各国对供应链干预可能增强，供应链缩短、更分散化的趋势可能加快，避免供应链过长、价值链过度全球化、产业链过分集聚集群带来的断链、断供、断联风险，将成为各国政府、跨国公司和国际贸易相关企业考虑的重点。对与国家经济社会民生紧密相关的能源行业而言，能源领域高端装备、核心技术、关键产品、复杂系统、重要零部件、先进材料等方面的供应链安全稳定或将被各国提到新的高度，随着各国更加重视能源领域的独立性和自主性，能源国际合作的空间和结构将受到新的影响。

“十四五”及未来一段时期，我国油气对外依存度仍将进一步上升，油气供应安全风险和机遇并存。从油气进口来源和通道看，虽然我国已形成了西北、东北、西南、海上等四条能源进口战略通道，但油气进口对海上通道的依赖性并未因陆上通道的建设而下降，油气进口高度依赖海上通道的局面长期存在。同时，油气进口来源主要集中于中东、非洲等地区。能源地缘政治风险对我国油气稳定供应安全带来潜在风险。但也要看到，我国能源安全面临的机遇也前所未有，皆因“十四五”及更长期内，我国油气市场和可再生能源综合优势蕴藏着保障能源安全的“结构性权力”时势机遇。油气“卖方”市场加速向“买方”市场转变，“市场为王”使油气消费国的话语权上升，出口国的话语权随之下降。我国庞大的油气消费市场和进口规模，是主要供应方角逐的重点，也是影响国际市场的重要力量。此外，我国作为世界上最大的可再生能源生产和消费国，全产业链和运营优势明显。这也就意味着，我国油气市场和可再生能源综合优势，蕴藏着极具战略价值的“结构性权力”时势机遇。这一“结构性权力”优势，既可以成为我国在国际能源合作中的重要议价工具和保障能源安全的重要手段，也可提升我国在国际能源格局与对外战略中的综合影响力；既有利于切实提升我国保障能源安全的水平，也有利于维护国际能源市场稳定，更有利于以能源为载体和抓手进一步践行习近平总书记提出和推动构建人类命运共同体宏伟愿景的大国担当。

3. 未来油气消费稳中有控

我国石油消费已呈现增速和强度“双降”的特征。2010 年以来，尤其“十三五”期间，随着经济转向高质量发展、产业结构调整、交通运输方式进一步多样化，成品油消费增速逐渐下降，我国石油消费增速有所趋缓，在能源消费中的比重维持在 18%~19%。

展望“十四五”，宏观经济社会发展对石油需求减弱、环境治理抑制石油消费增长、新技术和新业态发展等多种因素作用将推动石油消费增速进一步放缓。其中，石油需求侧技术创新和商业模式创新不断涌现、替代能源加快发展，可能对石油需求产生高于普遍预期的、更为明显的冲击，推动石油消费峰值提前达到。在交通运输领域，一方面燃油经济性的提高将有效对冲车辆保有量增长带来的石油需求的增加，另一方面电动汽车已被视为影响石油需求的主要因素，我国连续多年成为全球第一大新能源汽车市场，也成为全球电动汽车保有量最大的国家，因此对石油替代作用将不断增强。此外，一些新兴技术近年来蓬勃发展，展现出替代传统能源的巨大潜力。氢能作为高效多用途的能源介质已在国外开始规模应用，我国也已启动以弃风、弃水为电力来源的清洁能源制氢示范。可再生能源电力制氢进而合成甲醇、天然气等技术带来的替代潜力逐步可期。可再生能源制氢可作为调节可再生能源电力出力的重要调峰手段，作为二次能源的氢能同样可直接应用于交通燃料，在难以电气化的重型卡车及航运柴油消费领域，与 LNG（液化天然气）等一起形成对油品的替代。因此，“十四五”期间，预计我国石油需求将维持增长态势，但增速将进一步放缓，2025 年左右甚至可能出现石油需求消费峰值。

天然气是我国能源转型最为重要和现实的抓手，需求仍将保持中高速增长。近年来，我国天然气消费量快速增长，在一次能源消费结构中的占比逐年提高。“十二五”期间，我国天然气消费量年均增长 12.4%，累计消费量约 8300 亿立方米，是“十一五”期间消费量的两倍。“十三五”期间，在蓝天保卫战和“2+26”城市污染治理等政策推动下，天然气消费年均新增超过300亿立方米，在一次能源消费中的比重年均增加0.6个百分点。“十四五”期间，考虑到煤改气进入尾声、相关补贴退坡、天然气发电价格疏导困难等因素，城镇燃气、工业、发电、化工、交通等主要领域天然气消费动力减弱。此外，随着国际天然气市场供大于求、价格走低，产供储销体系建设不断完善，也存在利于消费的因素。综合来看，“十四五”时期天然气消费将保持稳定增长趋势，但与“十三五”时期相比，政策驱动力减弱，增速将明显放缓，更大可能要走“市场驱动”为主的道路。

（二）电力是保障经济社会和民生建设的基础

1. 终端电气化水平显著提升

作为清洁能源的重要载体，电力需求将保持较快增长。近年来，随着经济的发展和人们生活水平的提高，全社会用电量快速增长。尤其是“十三五”时期以来，电能替代政策积极推进，新动能、新业态快速发展，居民消费升级、脱贫攻坚不断深入，电力消费增长快于预期，2016—2019年年均增速6.1%，年均新增电力消费量3830亿千瓦时，电力消费弹性系数为0.92。受新冠肺炎疫情影响，2020年我国电力需求增速呈现一定下滑。随着新冠肺炎疫情防控形势不断好转，数据中心、5G（第五代移动通信技术）等七大新基建工程的建设投运，将拉动电力需求增长，并通过上下游联动效应，带动新兴制造业和服务业蓬勃发展，进一步带动电力需求的增长，以及促进电气化水平的提升。目前，我国电力消费总量已经超过美国，但人均用电量与发达国家仍有较大差距，此外从全球趋势看，终端电气化水平正不断提高，电能替代广度和深度正在增强。“十四五”期间，我国电力需求仍将保持较快的增长态势。

2. 电力行业低碳化加速推进

我国政府高度重视应对气候变化。习近平总书记多次强调，应对气候变化不是别人要我们做，而是我们自己要做，是中国可持续发展的内在需要，也是推动构建人类命运共同体的责任担当。习近平总书记指出，面对全球性挑战，各国应该加强对话，交流学习最佳实践，取长补短，在相互借鉴中实现共同发展，惠及全体人民。同时，要倡导和而不同，允许各国寻找最适合本国国情的应对之策。

电力行业是应对气候变化的重要领域，全球能源绿色低碳转型已呈不可逆转之势。在相关政策的支撑和引导下，新能源领域科技研发与投入不断增加，全球能源正加速向低碳化、无碳化转型，一次能源中可再生能源占比将持续走高。1965—1973 年，煤炭占比下降约 11 个百分点，而油气占比则增加 10 个百分点。1973—2019 年，石油占比下降接近 17 个百分点，而天然气、核电、水电、风电、光伏等清洁能源占比大幅提高。目前煤炭、石油、天然气等化石能源占比仍超过 84%，依然占主体地位，但随着风电、光伏等可再生能源技术规模化发展，可再生能源成本将不断降低，可再生能源发展也将明显提速。

从全球来看，虽然煤炭资源储量还非常丰富，但其利用场景在逐渐减少，煤炭投资与需求增速有所放缓，其产量将在近期达到峰值后出现下降。事实上，欧美等发达国家的煤炭消费量已呈现下降态势，BP（英国石油公司）能源统计年鉴显示，近十年欧盟煤炭消费量下降了 26%，而美国方面，由于页岩气大规模开发，美国天然气价格大幅下降，在发电领域天然气大量替代煤炭，过去十年美国煤炭消费量下降了 46%，2019 年降幅达 15%。

随着风电、光伏等可再生能源分布式利用以及储能使用成本的降低，可再生能源在一次能源供应中的竞争力不断增强。国际可再生能源署（IRENA）数据显示，2012—2018 年，光伏成本下降 77%，光热成本下降 46%，陆上风电成本下降 35%，海上风电成本下降 20%。BP 统计数据显示，2019 年全球风电、光伏等可再生能源发电量超过 2800 太瓦时，在发电总量中占比超过10%。全球可再生资源储量丰富，且分布广泛。但由于各国可再生能源产业发展阶段以及政策支持力度不同，当前全球可再生能源开发并不均衡，呈现出中国、欧盟、美国三家引领的特点。

全球可再生能源投资持续超越化石能源投资。根据21世纪可再生能源政策网络（REN21）《2020年可再生能源全球状况报告》公布的新数据，2019年可再生能源投资达到新燃煤、燃气发电机及核电投资额的三倍，约3167亿美元；其中，全球太阳能和风能的投资分别为1410亿美元和1427亿美元。中国连续第八年在全球范围内引领投资，达到901亿美元，占全球总投资额的30%。值得指出的是，虽然美国政府对清洁能源支持力度大幅降低，但2019年美国在可再生能源领域投资额大幅增加，达到590亿美元，增幅为25%。

可再生能源在全球能源生产消费中的比重不断提升。电力部门是目前直接排放温室气体最多的部门，也是能源转型最快、可再生能源比例最高、未来潜力最大的行业。BP统计数据显示，2019年，全球新增发电量的96%来自可再生能源。REN21数据显示，2019年可再生能源在发电中占比达26.4%。2009—2019年，全球风力发电装机从1.5亿千瓦增加到6.2亿千瓦，光伏发电装机从2400万千瓦增加到5.9亿千瓦。风力发电在一些地区已经逐步成为主力能源，光伏发电在一些地区已成为最具竞争力的电源。2019年，风力发电和光伏发电量占丹麦、德国和英国全部发电量的比重分别达到60%、32%和31%。

国际可再生能源机构（IRENA）预计，到2025年新能源发电成本将普遍低于化石能源。2030年，光热发电、光伏发电、海上风力发电和陆上风力发电的度电均值成本将分别下降至0.086美元/千瓦时、0.040美元/千瓦时、0.054美元/千瓦时和0.040美元/千瓦时。同时，受技术进步和模式创新双重驱动，储能可能成为能源转型的重要推手，到2020年锂电池成本将降至1000元/千瓦时以下，届时锂电池储能成本可实现与电网峰谷差价持平。此外，低成本的清洁氢能，以及可作为分布式储能的电动汽车，可以为电力系统提供可观的灵活性资源，可再生能源综合优势将更加凸显，发展也将提速。特别需要指出的是，当前可再生能源发电多为就地消纳，但随着区域、跨区域电网建设以及氢储能、电池储能的发展，未来风力发电、光伏发电等可再生能源也有望实现全球流动。

可再生能源将成为全球能源转型重要力量。IRENA 认为，为了达成《巴黎协定》（*The Paris Agreement*）的目标，2050 年可再生能源在一次能源中占比需要达到 65%。国际能源机构（IEA）既定政策情景和可持续情景分别预测，2040 年全球可再生能源在一次能源中占比分别为 17% 和 34%。美国能源信息署（EIA）预测，可再生能源在一次能源中占比将在 2031 年超过煤炭和天然气，在 2047 年超过石油，在 2050 年占比达到 28%。

二、竞争性环节市场化是油气和电力行业市场化改革的关键

能源是现代工业社会的血液，也是国家强盛的动力、安全的基石，更是实现新时代高质量发展的基础支撑。近年来，我国大幅取消和下放能源领域行政审批事项，深入推进电力、油气等行业体制改革，激发了能源领域市场活力和创新动力。即便如此，能源要素市场化改革依然滞后，适应能源革命的体制机制尚不完善。此外，市场决定能源价格机制仍未完全形成，煤电矛盾长期不能得到有效化解，“油荒”和“气荒”时有发生，煤炭、煤电等传统高碳能源在产能过剩背景下仍继续扩张产能，经济效益堪忧，反过来制约着全社会用能效率和用能成本。习近平总书记提出的“四个革命、一个合作”能源安全新战略，为能源市场化改革指明了方向。深化能源领域市场化改革，竞争性环节是关键。

（一）油气行业竞争性环节

从市场竞争程度看，我国油气行业主要由少数几家大型企业所垄断。

应在保障油气进口安全的原则下，进一步破除行政性垄断，根据油气产业不同环节的市场结构特征，采取不同的政策来完善油气市场结构，形成上游多主体多渠道供应、中游统一高效集输、下游销售充分竞争的油气产业格局，促进油气行业市场化竞争，理顺价格体系，还原油气能源商品属性，充分发挥市场配置资源的决定性作用和更好发挥政府作用。

推动完善油气勘查开采管理体制，配合制定相关准入条件，逐步向社会资本放开，积极推动制定勘查区块竞争出让、退出办法，盘活探矿权存量。保障国家能源安全，很大程度上需要依靠国内油气供应。全球多数油气资源产地存在地缘政治风险，中东地区局势常年动荡更是具有“火药桶”之称。海外产地油气供应及运输通道存在的各种不确定性极易使海外风险输入国内，影响国内经济社会正常运行。2020 年 5 月，《中共中央国务院关于新时代推进西部大开发形成新格局的指导意见》提出，要在西部“建设一批石油天然气生产基地”。在新一轮西部油气大开发中，发挥国家油气企业主导地位的作用，让更多的民营企业参与上游油气勘探开发，是实现国内油气供应能力提升的必要条件。虽然经过了十多年的市场化改革，但总体来说，我国石油行业还是严格控制其他社会资本进入。油气上游领域市场化竞争不充分，民营企业较难涉足，制约了我国油气行业的发展活力、效率及效益，以及中下游的市场化进程。变革我国油气上游勘探开发业务主要集中在“三大油”① 手中的现状，需要对投资者进行上游投资开发提供适当激励，包括价格、市场准入和长期的监管透明度等。完善并有序放开油气勘探开发体制，加快油气资源勘探市场开放，引导和鼓励社会资本投入，强化矿业权监管和科技支撑，逐步形成以大型国有油气企业为主导、多种经济成分共同参与的勘探开发体系。

健全油气管网运营机制，重点配合做好管网资产有序交接，推动国家

① “三大油”指中国石油、中国石化、中国海油三家石油企业。

油气管网企业平稳运营，健全管网业务利益共享机制，完善管网公平接入机制和投融资机制。油气管网是现代能源体系和现代综合交通运输体系的重要组成部分，是国家重要的基础设施和民生工程，是油气上下游衔接协调发展的关键环节。油气管网体制改革不仅关系到国家经济安全和国计民生，而且是今后深化油气国企改革的关键突破口。纵观欧美发达国家油气体制改革的历程，我们可以概括为一句话：各国油气管网发展呈现出区域性、阶段性以及生命周期性等特征。美国、英国等国家的油气产业经过百余年的发展，已经进入油气源多元化、基础设施完善、市场需求稳定的成熟期。美国已形成了独立监管、独立运营、公开准入的现代管网管理模式；欧盟国家对天然气管网采取国家支持、市场竞争的管理运营模式；俄罗斯实行一体化管理模式。这些都为我国今后油气管网改革提供了参考借鉴。我国油气管网发展取得积极成效，但依旧处于管道运输行业发展的初级阶段，在规模、结构、布局、体制等方面依然存在一些问题。当前我国天然气管道互通能力有限，调度运行和调峰成本补偿机制不健全，每到冬季呈现南松北紧局面，迎峰保供难度大，华北地区供需矛盾突出。此外，油气管道系统庞大，储运工艺复杂，线路长，沿线区域自然条件多样，地质灾害频发，同时被挤压、占用和第三方破坏严重。管道独立是改革油气管网的里程碑，公平服务是运营油气管网的核心内容。“管道独立”至少包含三个方面：一是管道资产的独立；二是干线管网甚至省里的管网，都要实现输送和销售分离；三是实现第三方准入，向第三方公平开放。“公平服务”也有三个方面：一是管输信息公开，二是开放办法公开，三是管输价格公开。

油气加工环节，要在税收、质量、安全和环保监管的基础上，更多地引入市场竞争实现优胜劣汰。近年来我国石油天然气行业迅速发展，炼油产能大幅增长，但在行业迅速发展的同时也出现了全行业炼油产能过剩、地方炼油企业盲目扩张，减压装置较为落后、油品质量较差、偷税漏税和环保重视不足等问题。需在税收、质量、安全和环保环节加强监管和监督，形成公平的竞争环境，实现市场优胜劣汰。

油气销售环节，要放开市场准入，让各类企业更多参与批发和零售环节业务。油气下游销售环节不具有自然垄断特征，降低市场准入条件，引入市场竞争，吸引民营资本和外资进入下游市场，加大下游市场开发培育力度，促进油气配售环节公平竞争，实现竞争市场效率。成品油零售是油气行业市场化程度最高的领域，民营企业与国有企业总体上各占半壁江山。民营炼厂虽然仅占总体炼油能力的1/3左右，但随着恒力石化、浙江石化等大型民营炼厂的相继投产，其市场份额将快速提升。目前，民营炼厂的市场竞争优势渐趋显现，其出厂价格已经成为成品油批发市场的风向标，对中国成品油价格走势具有较强的话语权和引导力。随着油气行业市场化改革的不断深入，将会吸引更多的民营资本和更多的市场主体进入油气行业，与国有资本同台竞技，激发市场竞争活力。

（二）电力行业竞争性环节

与油气行业类似，电力行业既有竞争性环节，也有自然垄断环节：发电环节最具竞争性，售电环节具有潜在竞争性，而配电环节则具有弱自然垄断性，输电环节具有强自然垄断性。

在发电侧引入竞争机制，多种经济成分、多种所有制形式的电厂有效地促进了电力企业的运营模式从垄断走向竞争，从集中控制走向市场调节。发电侧的竞争主要在五大发电集团之间，虽然投资大，但作为开放较早的一个环节，发电侧已基本属于完全的竞争类商业。

配电环节有一定的经营业务支撑，在电力行业内也有可竞争性，各项业务正在尝试放开。随着新能源、分布式发电、智能微网等快速发展，以及新能源汽车、智能家电等多样化用电需求的增长，配电网的网络形态、功能作用正在逐步转变，配电网呈现愈加复杂的“多源性”特征，传统的配电网发展模式，已不适应新时代配电网发展需要。实施配电环节市场化改革，通过放开民间资本，鼓励其有序投资、运营增量配电网，开放配电网业务的运营主体限制，增加市场竞争主体，有利于增加配电网市场的竞争活力，提高配电网运营效率，为民众提供更加多元的选择，也能够促进配电网为民众提供更加优质安全的服务。

在售电侧一般没有很强的经济上的壁垒，售电企业进入或退出市场不存在较大的沉淀成本，是电力行业加快市场化改革的一个重要方向。随着售电侧业务逐步放开，售电主体多元化，发电企业、供水供热企业、燃气企业、节能服务企业、新能源企业等市场主体进入售电侧开展业务。放开增量配电投资业务在一定程度上可以调动社会资本参与配电网建设的积极性，拓宽了配电网建设资金来源渠道。随着市场发展和用户需求变化，售电公司数量会逐渐增加，将会出现更多服务电力用户的新商业模式、新业务模式和新服务模式，也将提供更多的就业岗位。参与电力市场交易的发电企业上网电价由用户或售电主体与发电企业通过协商、市场竞价等方式自主确定，随着发电成本降低，用户电价也将降低，从而增加企业利润，拉动地方 GDP 增长。

辅助服务市场建设是电力行业市场化改革的重要组成部分，是储能参与电网调节的制度基础，相比于单纯的电价差套利模式，辅助服务更能凸显其经济价值。伴随着电力辅助服务试点范围不断扩大，公平透明、竞争有序的市场化辅助服务共享和分担机制正在形成，储能设备、需求侧资源、第三方被鼓励参与提供电力辅助服务，给新能源消纳、电力市场交易、新兴产业发展带来利好。目前，我国电力市场还处于初级阶段，辅助服务的市场价格机制存在缺位，辅助服务的提供者、提供方式、交易规则、费用标准、支付与结算方式尚未完善。目前辅助服务的补偿机制，还无法兼顾不同电厂提供辅助服务的成本差异，无法区别辅助服务质量的差异，无法有效激励并网电厂提供辅助服务的积极性。电力辅助服务市场建设是构建符合我国国情的、统一开放的电力市场体系的重要组成部分，辅助服务市场发展滞后必然影响电力交易市场的推进。在市场环境下，应科学合理地制定辅助服务计划，完善辅助服务电价补贴机制，降低辅助服务成本，调动和提高发电企业参与辅助服务的积极性。

三、深化油气和电力行业市场化改革的机遇和挑战

（一）深化改革的机遇

1. 能源革命的要求催生了与市场经济模式相匹配的新机制、新模式

习近平总书记在2014年中央财经领导小组第六次会议上提出了推动能源体制革命，打通能源发展快车道的重要论述，指出：需坚定不移推进改革，还原能源商品属性，构建有效竞争的市场结构和市场体系，形成主要由市场决定能源价格的机制，转变政府对能源的监管方式，建立健全能源法治体系。这一重要讲话深刻揭示了我国能源领域深化改革的必要性，揭示了新时代我国能源发展的特点规律和方向趋势。近年来，全国能源系统深入贯彻落实这一重大战略，取消和下放行政审批事项，稳步推进新一轮电力体制改革，开启了酝酿多年的油气体制改革。这一系列改革举措推动我国能源体制发生深刻变革，提高了资源配置效率、提高了企业效率和竞争力、推动了政府职能转变和调整，催生了一批与市场经济模式相匹配的新机制、新模式。

2. 国有企业市场和竞争意识不断增强

国有企业是国民经济发展的中坚力量，国有企业增加值和税费贡献在我国GDP和全国财政收入方面均占有相当大的比重。随着中国经济受国际环境变化和国内结构调整、动能转换等因素影响，国有企业生产经营遇到了诸多困难与挑战，在高速增长时期积累的矛盾和问题逐渐显现。近几年，随着油气行业中的勘探开发、进口权、生产加工、销售环节逐步放开，以及电力行业中售电、配电业务逐步放开，国有企业不断提升市场响应水平

和市场竞争能力。坚持以市场引领发展，以市场需求为中心，紧扣国家能源发展战略、重大项目布局规划，增强创新意识、竞争意识，推动发展方式向质量效益型集约转变、发展动力向创新驱动转变。国有企业不断加强市场研判和政策解读，积极参与区域竞争性配置，积极参与国家电力市场体制改革，强化市场响应能力。

新一轮电力体制改革重塑发电侧，促使国有发电企业在经营理念、发展战略、商业模式、客户服务、提质增效等方面顺势而为，与时俱进。一方面，市场竞争将推动国有发电企业顺应新形势，积极应对电力行业市场化改革进程，加强营销体系和营销队伍建设，加快推进售电业务实质运作，稳步推进增量配电业务发展，做好应对现货市场建设准备，全力化解市场风险，努力赢得改革红利。另一方面，配售电业务放开也给国有发电企业带来发展新机遇。放开配售电业务，加大了对分布式电源发展的支持力度，为国有发电企业提供了新的发展空间。在经济新常态下，售电业务的价值在于其能够与发电业务形成有效的产业协调，从而激活和利用存量发电产能、拓展增量发展空间，增强企业核心竞争力和盈利能力。售电业务以及增值能源服务业务，属于国家重点扶持、代表新型发展方式的生产服务性业态；进入这一新兴业态，有利于国有发电企业从传统单一的生产型企业向现代化生产服务性企业转型升级。

3. 随着市场化改革深入民营企业将释放更多活力

作为社会主义市场经济的重要组成部分，民营企业在维护社会稳定、提高社会的就业率、提升国民经济质量以及促进时代发展方面发挥着重要作用。随着各项改革措施的陆续出台，制约经济发展的体制机制障碍将被有效破除，经济发展的内生动力和市场活力将被充分激发，从而为能源领域民营企业转型升级、加快发展提供更多新的机遇。随着改革的不断深入，建设公平竞争市场，建立完善的产权制度，落实公平竞争审查制度，营造公平竞争的社会环境，将有助于进一步增强民营企业经营发展的信心，促进民营企业与国有企业公平竞争，进而激发民营企业经济活力。随着进一步简政放权，简化投资项目审批报建程序，保障各类投资主体公平进入能源领域上中下游，将加大各投资主体的竞争力度，有效推动民营企业加快结构调整，着力转型升级，在工艺技术与装备、经营管理水平、职工劳动技能和企业综合素质等方面不断提高。随着我国能源领域市场化改革的不断深入，政府职能也将不断转变，民营企业效率和竞争力将会持续提高。

4. 营造公平的市场环境，实现市场化改革核心目标的具体措施

在市场层面，对民营投资、外商投资无歧视开放。在能源上游放开矿权市场，从“申请在先”改为“竞争性出让”。同时，松绑勘探资质管理，允许各类市场主体勘探开发，并提高矿权持有成本。取消原油进口、批发、零售等流通环节的特许经营权。放开能源价格，取消国家对能源产量、价格的直接干预。促使网络型垄断行业“网运分开、放开竞争性业务”，形成能源供给和能源消费之间“多买多卖”的市场格局。在政府层面，需进一步简政放权，简化投资项目审批报建程序，保障各类投资主体公平进入能源领域上中下游。深化能源财税体制改革，在油气行业，构建由矿业权使用费、价款、权益组成的油气资源税费体系。同时加强对网络型垄断行业的监管，主要监管网络运营成本、收益及是否向第三方无歧视开放。需加强对电网企业可再生能源发电系统的无歧视接入并网，全额收购发电量的监管。强化对煤炭利用的监管，严格控制煤电开发。加强对能源市场的监管，确保各市场主体在公开、公正、公平的环境下良性竞争。加强对能源设施安全监管，保障能源设施安全运行。加强能源企业服务监管，确保用能企业和民众能享受到低碳、清洁、优质、高效、价廉的能源服务。

未来，随着我国能源领域市场化改革的不断深入，政府职能不断转变和调整，资源配置效率、企业效率和竞争力将会不断提高，从而保障供应安全、促进能源转型，以及更好地满足人民群众的期望。

（二）深化改革的挑战

1. 以垄断为主的集中式供应体系与灵活的市场配置资源方式尚不相容

我国能源领域惯于采用行政色彩较强的资源配置方式。长期以来，我国形成了一套比较系统、完整且复杂的能源计划调度体系，时至今日，这套能源供应体系和调配方式仍未得到彻底改变。一是能源领域习惯于以能源供应者为中心谋划未来发展。长期以来，能源领域的发展规划主要是从能源供应者的角色和定位出发，通过发展“大容量”“高参数”“长距离”为能源需求地区供应能源，而解决能源匮乏和高效发展的思路是“自上而下”地谋划未来能源发展。二是地方政府习惯于向中央政府请求调度能源。我国东部沿海各省对“西电东送”“北煤南运”“西气东输”等大通道、大工程依赖较大，能源匮乏时地方政府习惯于请求中央政府调度，导致地方政府依托市场力量解决自我能源供应的意愿和信心有所不足。三是政府对能源企业的直接干预相对较多，比较擅长用行政命令解决问题。

社会经济发展呼唤引入更多的市场竞争主体和建立以消费者为中心的资源配置方式。社会主义市场经济应更多地考虑什么是市场发展的约束条件，如何改革市场竞争性环节让竞争更加充分，如何通过竞争满足不同消费者的不同消费偏好，从而提高消费者的满意度和幸福感。这是一种以消费者为中心、“自下而上”谋划未来发展的思路，与传统的以供应者为中心、“自上而下”谋划未来发展的思路截然不同。在解决局部能源供应不足时，市场应主动以价格信号作为市场信息的传导工具，提高价格以激发能源企业能源供应的积极性，而不是直接向上级政府寻求帮助。如果决策者不能从思想认识上、能源市场构建上、能源产供储销调度方式上加大转变力度，就不能满足我国能源市场需求的新变化，更难以在能源领域激发更多活力。

2. 用战略和规划引导市场配置资源的能力整体偏弱

能源发展规划的政府配置色彩浓厚、市场配置资源较少。一方面，在能源发展规划方面，我国一直沿用每五年制定能源专项规划的方式，包括能源供应侧的专项规划，在制定能源规划时，规划了很多定量化的发展目标，缺乏足够的市场调控手段实现目标。另一方面，部分国有能源企业在能源规划制定过程中越俎代庖，企业代替政府制定能源发展规划，再由政府借助行政资源去配置资源实现规划，这样的规划方式使能源规划偏离了以国家利益和市场需求为核心的初衷。

能源规划难以调动市场主体问题越来越突出。随着我国社会主义市场经济转型逐渐深入，能源发展规划和实际发展的偏差越来越明显，能源规划的指导作用有所下降。政府对能源规划干预过多，能源规划不能按市场规律进行谋划，必然导致市场主体的决策偏离市场需求，能源规划难以执行到位。如果不能下决心转变规划制定思路，将规划方式尽快转变为引导资源配置的规划，而不是靠规划本身去配置资源，规划的执行力将会继续打折扣。

3. 国有企业的主导地位面临小型化、个性化需求增多的新挑战

长期以来，我国能源领域形成了以大型国有企业为主的发展格局。能源一直被视为一种特殊的商品，在一定程度上具有战略物资的特殊属性。在能源短缺时期，让国有企业在战略物资方面拥有绝对控制力，对保障国家能源安全至关重要。然而，随着我国能源供需格局转向总体供大于求，国有企业为主导的发展格局在市场化大潮中面临着新的挑战。与民营企业相比，国有企业虽然综合实力强，但企业决策周期相对较长，提供的服务较为单一，满足不同地区性、不同行业、不同时间段、不同能源服务品种的能力相对偏弱。

能源的小型化、个性化需求呼唤更多元化、多样化的服务。我国能源消费市场正在经历从“有没有”向“好不好”的巨变，不同地区、不同行业的消费者对能源服务品质的要求越来越多、越来越高。近年来，以分布式能源为代表的能源小型化、个性化需求显著增多，有的需要供热、有的

需要制冷，有的需要在特定时间段提供特定能源，能源需求的分化、细化程度显著提高。与过去传统的能源服务方式相比，分布式能源项目的资金需求规模更小、品质要求更高、对服务方案更挑剔。民营企业对这些市场需求更为敏感，在投资小项目时决策流程更短、创新能力较强，更愿意在细分市场上“精耕细作”。面对能源市场的新变化，国有能源企业的发展面临着很多新挑战。

4. 发挥好市场和政府各自作用仍然任重道远

市场和政府的作用尚待进一步厘清。发挥好市场在资源配置中的决定性作用和更好地发挥政府作用，构建有效市场、有为政府的前提是正确厘清市场和政府的作用。目前，不少人对市场和政府在能源市场中的作用存在认识误区。例如，终端用户的天然气价格、电力价格、热力价格本应是市场发挥作用的领域，但不少人认为政府应该发挥作用，保护弱势群体。在制定居民用气、用电价格时，按照市场化的原则，电压等级低、配电系统复杂、用电量少的居民用户电价本应较高，但政府考虑到对低收入群体照顾等因素，居民电价常年偏低。居民电价偏低，导致电力系统交叉补贴严重、用电越多的居民用户获得实际补贴越多等一系列新问题更加突出。如果不能划清政府和市场的边界，不能在更好地发挥政府作用的同时，让市场在资源配置中起决定性作用，那么市场化改革很难取得实效。

政府职能定位和管理方式尚难以适应市场化的运行方式，目前我国政府部门对能源市场的管理方式与能源市场发展和未来市场化改革尚存在诸多不衔接、不匹配的问题，管理缺位和越位并存。一是我国对能源行业的管理以计划和行政审批为主，能源管理方式尚未脱离计划经济时代的管理思路和管理方式，例如对燃煤电厂和电网建设仍然以事前审批为主，“事中和事后”监管相对薄弱。二是能源管理“九龙治水”问题突出。我国能源领域管理涉及多个部门，管理职能分散，不同部门之间政策不协调、不衔接的问题比较突出。三是能源监管能力不足，能源监管效率和治理效率亟待提高。例如，国家缺乏专业的电力行业监管人员，对燃煤电厂与电厂的资产效益、价格合理性、是否存在市场不公平竞争等问题监管力度不够。如果政府和市场的作用不能理顺，则市场化改革很难落实到位。

5. 统筹能源高质量发展和保障能源安全需要下更大力气

有些观点对能源高质量发展提升能源安全保障水平的认识尚存偏颇。如果将发展与安全割裂开来，只讲发展不讲安全，不是高质量发展；只讲安全不讲发展，更不能实现真正的安全。本质上，能源领域市场化改革的重要目的是促进能源高质量发展，并不断提高能源安全保障能力。若不在能源领域竞争性环节进一步深化市场化改革，那么市场主体的潜力和活力将被抑制，能源高质量发展的动力将被削弱，保障能源安全的综合水平也因此被拉低。

还有些观点担心能源领域市场化改革对国家安全带来不利影响。对能源市场力量信心不足和对能源领域市场化改革有可能冲击国家安全的担忧，是能源领域市场化改革阻力大的又一重要原因。历史上形成的传统能源安全观，对石油赋予了较多的国家战略和地缘政治属性。如果过度担心保障国家能源安全、追求能源绝对安全，过分夸大能源市场化改革对能源安全的威胁，不利于能源领域市场化改革有效推进。

部分企业担心自身利益在改革过程中受损。深化能源领域市场化改革难免触及和改变既有利益方和利益格局。面临动“奶酪”甚至割“肉”之痛，长期以来固化形成的行业主要利益方，既有片面理解能源安全的一面，思想上将能源领域市场化改革发展与能源安全对立起来，在深化改革上畏首畏尾，改革的主动性不足；更有狭隘的利益因素一面，“巧”拿能源安全问题做文章，考虑自身利益多于国家利益和消费者利益，以能源事关国计民生、攸关国家安全为由，以“出了安全问题怎么办”“重大突发事件谁顶上”“社会责任风险谁兜底”等为理由，夸大市场化改革对能源安全的影响，迟滞能源领域市场化改革进一步深入。

参考文献

[1] 国家发展改革委，国家能源局．能源发展“十三五”规划 [Z]. 2016-12-26.

[2] 中共中央　国务院关于深化石油天然气体制改革的若干意见 [N]. 2017-05-21.

[3] 中共中央　国务院关于新时代加快完善社会主义市场经济体制的意见 [Z]. 2020-05-11.

[4] 中国共产党第十九届中央委员会第五次全体会议文件汇编 [M]. 北京：人民出版社，2020.

第三章

能源领域市场化改革背景下保障能源安全的战略思路

随着时代变迁和环境变化，能源安全的内涵也在不断延展丰富，作为能源生产和消费大国，我国能源安全观与时俱进、不断演进，旨在更好保障我国能源安全。“十四五”及中长期，基于国际能源安全形势的新变化、国内经济社会高质量发展对能源安全提出的新要求，新时期深化能源领域市场化改革是保障我国能源安全的必然选择。我们要厘清保障能源安全和深化能源领域市场化改革存在的“知”“行”误区，以深化能源领域市场化改革为契机，将能源领域竞争性环节的市场属性还给市场，充分释放能源市场的潜力和活力，推动能源高质量发展，提升能源安全保障能力。在深化能源领域市场化改革，做好能源“市场”大文章的同时，强化能源安全顶层设计的落实，着眼战略全局，标本兼治，综合提升能源安全保障水平和应对风险的能力。

能源安全关系到国家经济社会发展的全局性、战略性，是总体国家安全观的重要组成部分。保障能源安全是世界各国，特别是大国内政和外交的重点。能源领域市场化改革旨在优化资源配置，激活和挖掘市场潜力，降低综合成本，提高行业效率和竞争力，促进能源高质量发展，进而提升能源安全保障水平。由于能源具有重要的战略属性，长期以来，我国能源领域市场化改革与保障能源安全存在“知”“行”误区，既影响能源体制改革的深入推进，也影响借助市场化手段保障能源安全的常规举措实施。“十四五”及中长期，我国能源安全面临的国际国内形势新变化，对我国保障能源安全提出了新要求，深化能源领域市场化改革成为新时期保障我国能源安全的必然选择。我们要遵循市场规律、把握发展大势，以习近平总书记“四个革命，一个合作”能源安全新战略为总体指针，既坚定推进能源领域市场化改革，又牢固树立底线思维和忧患意识，兼顾当前和长远，多措并举全方位保障我国能源安全，为我国经济高质量发展和现代化强国建设提供强大支撑。

一、能源安全的内涵与我国能源安全观演进

（一）能源安全的内涵

能源安全与经济安全和国家安全的关联关系提出于第一次世界大战之前，在第一次石油危机之后引起更高程度的关注。为了确保既得利益，以

美国为首的西方发达国家于1974年成立了IEA，正式提出了以稳定原油供应和价格为核心的国家能源安全理念，认为能源的供应安全包括两层含义：一是持续的、不能出现严重短缺的供应，按IEA的标准供应短缺要小于上一年进口量的7%；二是未出现持续的难以承受的高油价，西方发达国家也据此制定了以能源供应安全为核心的能源政策。1985年，IEA将能源安全定义为“以适度的成本获得的充足供应，特别是石油的足量供应”，这是对这一时期能源安全概念的集中界定。在20世纪70年代至80年代末，能源供应安全作为国家能源安全的首要关注对象的看法，已经被大多数国家所接受或认同，能源供应安全成为传统能源安全观的核心，其涉及一系列政治、外交和军事战略议题。此外，随着全球天然气等能源品种消费和贸易量的增加，安全性问题逐渐从石油向其他品种延伸。

20世纪90年代以来，伴随着全球化进程加快，能源消费快速增长，能源贸易迅猛发展、价格大幅波动，能源外交、金融属性进一步增强；能源开发利用引发的区域环境问题、全球气候变化问题日益凸显，环境保护和低碳发展开始受到人们重视，生态环境安全成为能源安全的重要组成部分。进入21世纪，应对全球气候变化成为重要议题，世界各主要经济体更加重视环境保护和低碳发展，能源的清洁化、低碳化成为全球共识。近年来，以新能源技术和互联网技术结合为特征的能源革命方兴未艾，成为经济发展重要驱动力，能源基础设施与信息安全又成为能源安全的新要素。

总体上，随着时代变迁和环境变化，能源安全的内涵和要求也相应发生了变化，从狭义能源安全转向广义能源安全，涵盖能源供应保障与能源消费利用、能源环境与应对气候变化、能源科技与能源产业发展、能源金融与能源信息网络等多个维度和方面。能源安全观也与时俱进演进，从追求保障能源供应安全的基本目标，向能源使用安全等多维度、更综合、更高目标迈进。

（二）我国能源安全观演进

基于自身能源资源禀赋和经济对能源的需求情况，从20世纪60年代开始至1992年，我国一直是石油净出口国，资源出口主要目的是换取外汇。这一时期，我国遵循的是计划性的“独立自主”能源安全观，并有效保障了当时的能源安全。1992年我国确立了建立社会主义市场经济体制的目标，拉开了经济体制改革的序幕，我国能源需求也开始出现新的变化，对保障能源安全提出了新要求。特别是1993年我国成为石油净进口国后，告别了过去完全围绕自身资源开发保障能源供应安全的时代，石油对外依存度开始增加，我国的能源安全观也因此调整。为保障能源安全，1993年底，江泽民同志提出了“稳定东部，发展西部，国内为主，国外补充，油气并举，节约开发并重”的能源发展方针，并于1996年提出“做好利用国际市场和国外资源这两篇大文章”。这一时期主要还是强调注重国内国际“两种资源、两个市场”的能源供应安全，属于传统的能源供应安全观。进入21世纪，经济全球化迅猛发展，能源需求快速增长，国际油价也不断走高，保障能源多元化供应，维护全球能源市场稳定和全球能源安全成为普遍关切问题。此外，随着成功加入WTO，我国经济步入快车道，我国能源需求旺盛，保障我国能源安全成为重要的战略课题。此背景下，2006年，胡锦涛同志提出了“互利合作、多元发展、协同保障”的能源安全观，并以此为战略纲领引领我国能源发展和保障能源安全。这一时期，我国能源安全观沿着从能源自给的“独立安全”，到内外并举的“保供应安全”，再到“多元协调安全”的逻辑主线演进，能源供应安全是主基调。

随着我国经济持续快速发展，环境问题也日益突出，且油气对外依存度不断走高，对保障能源安全注入时代新内涵成为实现可持续发展的迫切需要。2014年，习近平总书记站在保障国家能源安全、实现国家长治久安的战略高度，提出“四个革命、一个合作”能源安全新战略，即通过大力推动能源消费革命、能源供给革命、能源技术革命、能源体制革命，全方位加强国际合作，实现开放条件下的能源安全。“四个革命、一个合作”能源安全新战略，蕴含着能源市场观、能源低碳观和能源国际合作大局观等深刻思想。更重要的是，习近平总书记提出了“总体国家安全观”思想，强调统筹外部安全和内部安全、国土安全和国民安全、传统安全和非传统安全、自身安全和共同安全。能源安全是总体国家安全观的重要组成部分，新时期保障能源安全也需要做好上述四个方面的统筹。相较于以往，纳入总体国家安全框架下的新时期能源安全观，实现了几个重大转变：一是能源供应安全观念的革新，由注重供给侧的保障，转向由供给侧和需求（消费）侧双向协同提供保障；二是凸显了能源环境安全，由单纯的“保障供给”，转向“保障供给和保护环境并重”；三是强调体制革命，注重市场化的力量；四是明确了实现开放条件下的能源安全，旨在共同安全。

二、国际能源安全形势已发生诸多变化

（一）国际政治经济形势变化与大国博弈加剧叠加

政治上，虽然世界多极化向纵深发展，但逆流暗流涌动。霸权主义和强权政治抬头并呈加剧态势，以美国为代表的部分国家无视世界多极化和国际关系民主化潮流，为维护本国一己私利开始走上强权政治的老路。特别是美国为推行“美国优先”、维持霸权优势、遏制潜在对手，频繁挥舞大棒，以霸凌的做派，横加干涉他国内政外交，针对其他国家企业和个人实施“长臂管辖”制裁，严重违背国际法原则行事。霸权主义和强权政治的不断抬头导致国际社会面临的挑战和不确定性与日俱增。受国际政治格局深刻变化影响，发达国家与发展中国家全方位竞争和博弈不断加剧，单边主义、保护主义、霸权主义或将进一步横行无忌，对全球经济和能源稳定发展带来新的不确定性。民粹主义和经济民族主义兴起，既有国际秩序和多边贸易体制面临严重冲击，经济全球化发展进程恐进一步放缓，这或

将进一步波及能源领域的科技、贸易与投资合作。

经济上，“十四五”时期及新冠肺炎疫情暴发后，世界经济走势呈“V形”“U形”“W形”“√形”或者极悲观的“L形”，虽然存在诸多变数，但可以预料，经济全球化将受到前所未有的挑战，各经济体的经济增速将日益分化，新兴经济体将越发成为拉动全球经济增长的力量。国际上多家机构预测，在不按PPP加权的情况下，未来20年全球经济增长速度将明显低于2008年全球金融危机之前20年的平均水平（3.1%）。国务院发展研究中心在新冠肺炎疫情前预测，2020—2035年全球经济平均增速为2.6%左右。从主要国家或地区看，新兴经济体和发展中国家群体性崛起势不可当，未来15年内，中国和印度经济体量将分别超过美国和日本，2030年前后我国经济体量将位居世界第一。然而，必须清楚地看到，经济总量差距缩小并没有彻底改变“南北失衡”的局面。尽管发达国家整体实力相对下降，但依然拥有产业、科技、军事和软实力等优势。全球治理体系仍未充分反映新的全球格局和发展中国家的利益诉求。面对日趋激烈的全球竞争，发达国家和发展中国家都加紧抢占重要战略资源和产业链、供应链、价值链制高点，在资源分配、市场竞争和全球治理等领域的斗争将更加激烈，南北矛盾进一步加剧。

随着我国不断崛起，美国将我国作为头号战略竞争对手，并呈全方位遏制之势。新冠肺炎疫情前，美国已对我国挑起了贸易争端、科技争端、金融争端，中美新一轮博弈已经拉开序幕。新冠肺炎疫情暴发后，受其影响不仅世界秩序和国际格局将发生重大而深远的变化，百年未有之大变局也变得更加错综复杂，中美大国博弈恐将更加激烈和难以管控。总体上，“十四五”及更长期，我国或将面临更严峻的“挤压时期”，不排除美国对我国展开“全域”博弈。就能源而言，能源领域仍是地缘政治的中心角力点。随着一个集“能源生产大国、能源消费大国、能源出口大国”三重属性于一身的“能源新美国”不断崛起，特别是摆脱了对中东能源的依赖，美国不仅实现了“能源独立”，而且其全球战略腾挪能力将显著增强，在能源地缘政治博弈中也可以打出更多的“新牌”甚至“奇招”，美国对全球能源市场的影响力将进一步增强。从底线思维角度看，中美博弈框架下，美国因素无疑是我国面临极端能源安全风险的关键变量。

（二）世界能源供需格局深刻调整

石油供应格局从“两极”（OPEC+俄罗斯）主导向“大三角”（美国—沙特阿拉伯—俄罗斯）转变（见表 3-1）。据 IEA 预测，短期内美国是世界石油供应的主要增长源，巴西、圭亚那、伊拉克、阿联酋、加拿大的石油产量也将明显增长。长远看，到 2050 年，非 OPEC 国家石油供应主要来自美国和俄罗斯（见图 3-1）。而其增长趋势分别呈先升后降与先降后升，存在市场份额的互相争夺。作为最大的新兴石油供应国，美国拥有巨大资源潜力，未来仍具备可观的供应能力。然而，随着独立生产商削减开支，缩减钻井活动以应对投资者压力，在国际油价持续低于开采成本的背景下，美国的石油产量在后疫情时代的复苏仍难以预测。但就趋势而言，在 2030 年后美国的石油产量或将逐步下降，将此前抢夺的市场份额逐步出让给俄罗斯和中东产油国。而 OPEC 国家中，中东国家仍是石油供应主力（见图 3-2）。参考 IEA 的预测数据，沙特阿拉伯仍是中东国家中的最大产油国，且产量略高于俄罗斯，但低于美国。石油供应格局由“以沙特阿拉伯为首的 OPEC+俄罗斯”两极主导逐步转向并稳定在“美国—沙特阿拉伯—俄罗斯”大三角。

表 3-1　主要国家原油产量及占比情况预测

国家、地区或组织	产量（百万桶/日）					占比（%）				
	2018 年	2025 年	2030 年	2035 年	2040 年	2018 年	2025 年	2030 年	2035 年	2040 年
美国	15.5	20.9	21.7	21.3	19.8	16.25	20.69	21.11	20.62	19.13
俄罗斯	11.5	11.1	10.6	9.9	9.4	12.05	10.99	10.31	9.58	9.08

续表

国家、地区或组织	产量（百万桶/日）					占比（%）				
	2018 年	2025 年	2030 年	2035 年	2040 年	2018 年	2025 年	2030 年	2035 年	2040 年
沙特阿拉伯	12.4	12.6	12.9	13.0	13.1	13	12.48	12.55	12.58	12.66
中国	3.8	3.4	3.2	3.1	3	3.98	3.37	3.11	3.0	2.9
非 OPEC	58	64.8	65.2	64.6	63.4	60.8	64.16	63.42	62.54	61.26
OPEC	37.4	36.2	37.6	38.7	40.1	39.2	35.84	36.58	37.46	38.74
全球	95.4	101	102.8	103.3	103.5	100	100	100	100	100

资料来源：IEA 能源展望。

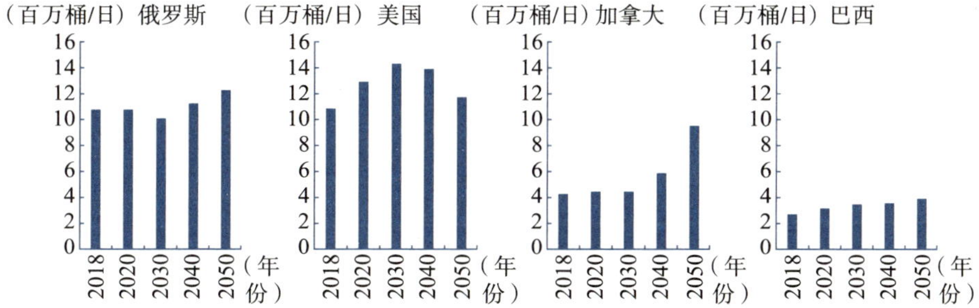

图 3-1　非 OPEC 国家主要产油国原油和凝析油产量预测

资料来源：EIA。

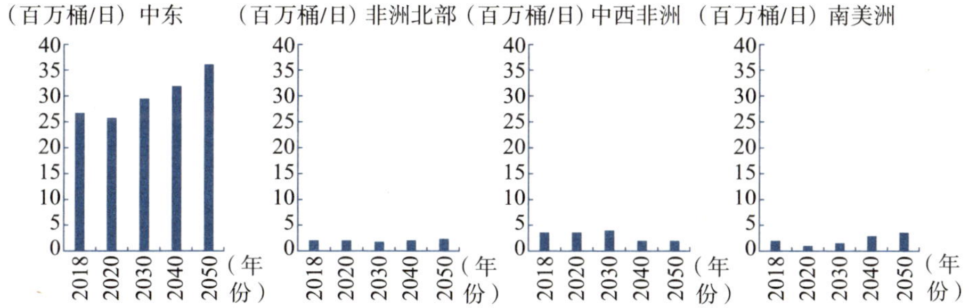

图 3-2　OPEC 国家各区域原油和凝析油产量预测

资料来源：EIA。

天然气供应格局从“三足鼎立”（俄罗斯—澳大利亚—卡塔尔）向美俄主导的“新四方”（美国—俄罗斯—澳大利亚—卡塔尔）转变。未来五年全球 LNG（液化天然气）出口能力仍将较快增长，增量主要集中在美国、澳大利亚和卡塔尔。其中，仅美国在 2022—2024 年预计投产的 LNG 项目就多达 13 个，共计 45 条生产线，产能约为 1.06 亿吨/年。除美国以外，俄罗斯的北极-2 LNG、莫桑比克鲁伍马 LNG、Coral South FLNG 和莫桑比克 LNG、尼日利亚的 NLNG T7 共计 9 条生产线将在 2022—2024 年投产，产能约为 6508 万吨/年。卡塔尔计划在 2024—2027 年将 LNG 产能从 7700 万吨/年提高至 1.26 亿吨/年。莫桑比克鲁伍马 LNG 第二期 760 万吨/年、第三期 530 万吨/年也将分别于 2027 年、2029 年投产。预计 2025 年，全球 LNG 出口能力将达 5.4 亿吨/年。其中，美国 LNG 出口能力超过 1 亿吨/年，卡塔尔接近 1 亿吨/年，澳大利亚约 8780 万吨/年。加拿大和莫桑比克、坦桑尼亚等地区也有望成为潜力增长区域。尤其是美国天然气产量增加不仅改变全球市场格局，也将打破管道天然气出口与 LNG 出口之间的平衡。预计 2018—2040 年，将逐渐形成以美国和俄罗斯为主，中国、伊朗、卡塔尔、澳大利亚以及加拿大等国多点开花的天然气资源开发版图（见表 3-2）。随着天然气液化技术发展以及相关设施的加速建设，LNG 将超过管道天然气成为全球天然气贸易的主要方式。当前北美地区、欧洲、亚洲相对独立的天然气市场，也将向由北美地区、澳大利亚、俄罗斯、中东、非洲流向亚洲、欧洲和中南美洲的较为统一的天然气贸易格局演变（见表 3-3）。

表 3-2　主要国家天然气产量及占比情况预测

国家	产量（十亿立方米）					占比（%）				
	2018 年	2025 年	2030 年	2035 年	2040 年	2018 年	2025 年	2030 年	2035 年	2040 年
美国	862	1040	1111	1122	1114	21.89	23.56	23.54	22.17	20.61
俄罗斯	715	797	798	834	853	18.16	18.05	16.91	16.48	15.78
卡塔尔	171	188	216	260	289	4.34	4.26	4.58	5.14	5.35
澳大利亚	118	164	174	184	199	3.00	3.71	3.69	3.64	3.68

续表

国家	产量（十亿立方米）					占比（%）				
	2018 年	2025 年	2030 年	2035 年	2040 年	2018 年	2025 年	2030 年	2035 年	2040 年
其他国家	2071	2226	2421	2660	2949	52. 60	50. 42	51. 29	52. 57	54. 57
全球	3937	4415	4720	5060	5404	100	100	100	100	100

资料来源：IEA。

表 3-3　天然气贸易预测　　单位：十亿立方米

净进口量			
净进口方	2018 年	2030 年	2040 年
欧盟	360	400	356
中国	122	286	353
其他亚太地区国家	-27	88	181
日本和韩国	170	145	153
印度	30	78	115
其他欧洲国家	-29	-8	24
净出口量			
净出口方	2018 年	2030 年	2040 年
俄罗斯	230	290	336
中东地区	109	138	203
北美地区	16	150	149
澳大利亚	78	126	148
撒哈拉以南非洲	36	97	133
欧洲和亚洲	91	123	130
北非地区	45	53	57
中南美洲	5	10	26

资料来源：IEA。

总体上，油气供应格局深刻调整，需求端受新冠肺炎疫情影响深度萎缩。未来随着新冠肺炎疫情防控形势不断好转，“十四五”时期，油气消费或将出现反弹。但更长期看，受世界经济增速放缓、全球能源转型加速、可再生能源竞争力不断增强等多重因素影响，全球石油需求增速将低于供应能力增速，油价维持中低位运行或将成为常态。且随着页岩油勘探开发技术、组织运营效率的进一步提升，开采成本仍有下降空间，一旦技术和成本再次突破，低油价将更具坚实基础。可以预料，“十四五”以及更长时期，国际油气市场供过于求的局面将持续存在。

（三）能源地缘政治博弈日趋激化

受国际政治经济形势变化和能源供需格局调整等因素影响，“十四五”及更长期，能源地缘政治博弈将日趋激化。一方面，油气领域之间的博弈或更加激烈。新冠肺炎疫情暴发前，美国在油气领域借势展开地缘博弈，包括博弈中东、打拉南美、施压欧洲、角力亚洲等近乎全面展开行动。新冠肺炎疫情暴发后，掀起了新的博弈高潮。受新冠肺炎疫情影响，全球经济预期趋弱，原油需求承压，受需求和供给两相夹击影响催生的史诗级“油市风暴”折射出国际原油市场新秩序，国际原油市场已基本稳定在以沙特为首的 OPEC 国家，以俄罗斯为首的非 OPEC 国家，以及以美国为首的新型原油产油国形成的三方博弈的新格局。可以预见，未来卖方“三巨头”之间的博弈将进入新的阶段。在全球石油长期供过于求的预期下，特别是“能源新美国”不断崛起并意欲谋取全球能源主导权，国际油气市场关系将越发受到政治因素干扰而趋于复杂化，卖方之间，卖方与买方之间的博弈将日趋激化，能源地缘政治不确定性和不稳定性风险增加，恐将增加和放大能源安全的局部性、阶段性风险。当然也要看到，受能源供需版图变化和能源转型呈不可逆转之势的“基本盘”牵引，任凭“卖方”如何博弈也改变不了油气“买方”市场加速形成的趋势。值得一提的是，新冠肺炎疫情背景下的国际油市风暴再次诠释和昭示，油气“买方”市场正加速形成，供方对需求“深蹲”的恐慌和对市场份额的看重有目共睹。另一方面，可再生能源已成为撬动地缘政治的新杠杆，可再生能源驱动的能源转型正带来极其显著的地缘政治影响，将重塑地缘政治版图。未来，围绕可再生能源领域的地缘博弈将成为新的博弈重点。

（四）应对气候变化压力和动力增加

从全球二氧化碳排放看，国际非政府组织“全球碳计划”（Global Carbon Project）2020年发布的报告显示，21世纪初全球二氧化碳排放量每年增加超过3%，2010年以来增加趋势有所放缓，增长率保持在年均0.9%，2019年全球二氧化碳排放量预计增幅为0.6%，低于2017年的1.5%、2018年的2.1%，虽然增速趋缓，但目前的气候和能源政策太弱，还不足以扭转全球排放总量不断增长的趋势。据BP能源展望（2019）报告，尽管全球二氧化碳排放增速比过去20年大大降低，但仍在增长，而实现《巴黎协定》的气候目标需要大幅降低二氧化碳排放。BP预测，在渐进转型情景下，能源使用造成的二氧化碳排放在展望大部分期间仍然逐渐上升，到2040年增长约7%。从当前世界主要碳排放国家看，2019年能源领域二氧化碳排放前十位的国家分别是中国、美国、印度、俄罗斯、日本、德国、伊朗、韩国、印度尼西亚、沙特阿拉伯（见图3-3）。上述国家也是碳排放减排压力最大的国家。

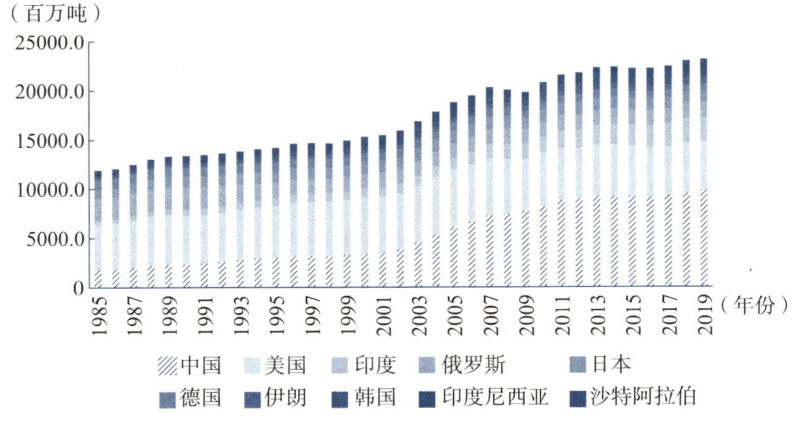

图3-3　2019年能源领域二氧化碳排放量前十位国家的历年排放情况

资料来源：BP能源统计年鉴（2020）。

从应对气候变化行动看，新冠肺炎疫情暴发前，全球致力于应对气候变化未因美国退出《巴黎协定》减弱，反而笃定前行。2019 年，尽管美国已正式宣布启动退出《巴黎协定》程序，但联邦层面的应对气候变化战略转向，左右不了美国各州、地方和企业层面应对气候变化的格局。如加利福尼亚州等多个州制定了 2045 年左右 100%可再生能源电力的目标，可见一斑。据 IEA 报告，2019 年美国二氧化碳排放量降幅最大，达 1.4 亿吨，降幅高达 2.9%。同时美国的煤炭消费创历史新低。此外，虽然美国退出了《巴黎协定》，但并未改变全球应对气候变化的决心。特别是欧盟作为全球应对气候变化的引领者之一，其不仅没有退却，反而加码行动，加速推进绿色转型。比如，欧盟层面，2019 年 12 月，欧盟委员会公布了应对气候变化、推动可持续发展的“欧洲绿色协议”，推动欧盟“绿色发展”。该协议提出，到 2050 年，欧洲将成为全球首个“碳中和”地区，即二氧化碳净排放量降为零。又如，2019 年 6 月，英国新修订的《气候变化法案》生效，正式确立英国到 2050 年实现温室气体“净零排放”的目标。而英国 2008 年通过的《气候变化法案》规定，到 2050 年温室气体排放量将在 1990 年的水平上降低至少 80%。2019 年 9 月，德国政府出台“气候保护计划 2030”，以确保在 2030 年温室气体排放比 1990 年减少 55%的目标。此外，德国还制定了 2038 年“退煤计划”的明确目标。这无疑彰显了全球应对气候变化的坚定决心和切实行动。2010—2019 年欧美煤炭消费情况见图 3-4。

全球应对气候变化的行动力度之所以加大，很大程度上与这次新冠肺炎疫情为加快应对气候变化的努力提供了新的动力和压力有关。新冠肺炎疫情全球蔓延，既给人类带来深刻的经验与教训，也是各国应对全球性公共危机的一次实战压力测试。气候变化危机与新冠肺炎疫情对全球的冲击，既有相似之处，也有不同的地方，更有关联的方面。毫无疑问，受新冠肺炎疫情冲击的警示，人类无法同时承受两场全球性、系统性危机。更

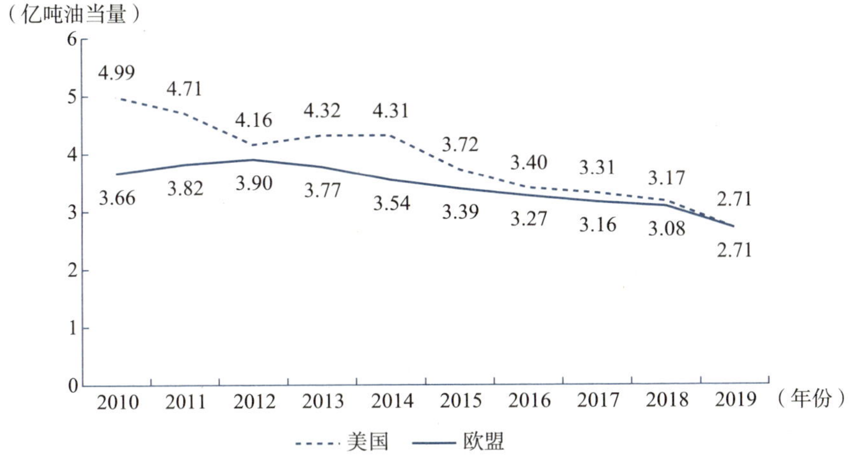

图 3-4 2010—2019 年美国和欧盟煤炭消费情况

资料来源：BP 能源统计年鉴。

何况气候变化一旦极端恶化，对人类环境的破坏将更大，影响更深刻，更加难以扭转驾驭。因此，后疫情时代，全球在应对气候变化方面或将提到新的高度。二氧化碳排放主要来源于化石燃料的燃烧，这与能源的生产和利用密切相关。也就是说，加快能源绿色低碳转型步伐是应对气候变化的主要措施。IRENA 的研究报告认为，要实现《巴黎协定》的目标，2050 年可再生能源在一次能源中占比需要达到 65%。

三、我国经济社会发展对能源安全的新要求

（一）经济高质量发展对优质能源供应和环境安全提出更高要求

党的十九大作出了我国经济已由高速增长阶段转向高质量发展阶段的论断，提出了新时代两步走的战略安排。无论是经济高质量发展，建设现代化经济体系，还是建设美丽中国和现代化强国，都对优质能源稳定供应、生态环境保护和应对气候变化等方面提出了新的更高要求。本质上，高质量发展囊括了“五大发展理念”，体现了“五位一体”总体布局，需

要更有效率、更加公平、更可持续、更为安全的发展。在资源约束趋紧、环境污染严重、生态系统退化、气候变化加剧等严峻形势下，绿色低碳发展是经济高质量发展的题中应有之义。经济高质量发展离不开高质量的能源安全保障体系，不仅需要优质能源的安全供应保障，也需要高效、清洁、低碳的能源消费侧安全保障，还需要价格合理、成本可承受的经济性安全保障。受经济高质量发展、建设美丽中国的目标导向的带动，以及生态环境问题日益突出的问题倒逼双重牵引，推动能源清洁化发展和保障能源环境安全成为必然选择。从具体的量化指标上，需要降低单位 GDP 能耗、单位 GDP 水耗和单位 GDP 碳排放；从能源品种发展定位上，要控煤洁煤并举、稳油增气、大力发展环境友好的可再生能源。唯有如此，才能建立与经济高质量发展相适应的能源安全保障新体系。这既是新时代的客观要求，也是顺应能源系统变革的现实需要。

（二）石油需求要控增量早达峰

我国既是世界石油消费大国，也是石油进口大国，庞大的石油消费和进口体量，成为我国能源安全的重要关注对象。且我国石油需求还未达峰，未来一段时期，我国石油需求还将增长。从达峰时点看，不同国际机构的不同情景预测显示，增量空间有所不同，达峰时点也有明显差异。其中，IEA 既定政策情景预测，2030—2035 年我国石油需求达峰。IEA 可持续情景预测，我国石油需求于 2025 年左右达峰。BP 渐进情景预测，我国石油需求于 2035 年左右达峰，而 BP 快速转型情景预测，我国石油需求达峰的时点在 2025 年左右（见图 3-5）。

课题组预测，我国石油需求在 2030 年前后达峰，消费峰值水平在 7.2 亿吨左右，这意味着我国石油消费仍有 0.6 亿吨左右的增量。从不同油品看，各油品的达峰时点差异较大，其中，汽油消费在 2025 年前后有望达峰，峰值约 1.8 亿吨；柴油需求已经进入平台期；煤油需求在 2030 年前仍将保持增长，在 2040 年前后达峰；化工用轻油持续增长，年均增速 4.7%，

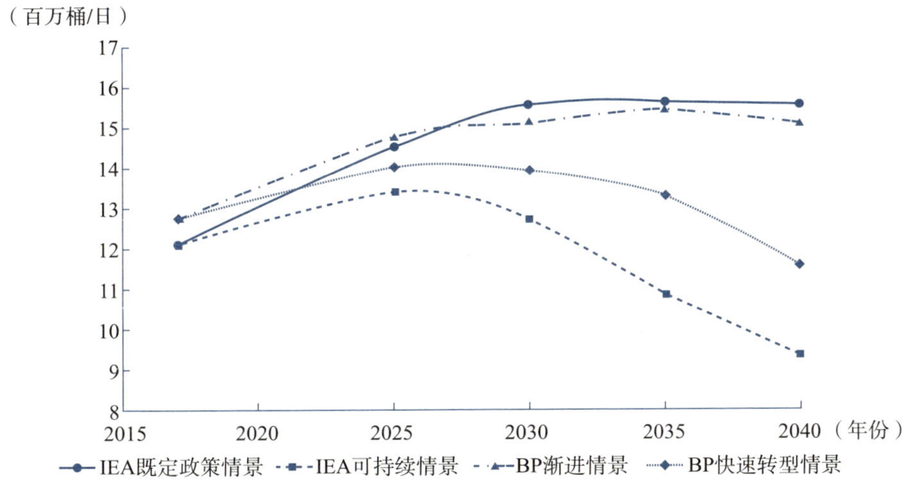

图 3-5　IEA、BP 对我国石油需求的预测

资料来源：IEA 和 BP 能源展望。

2030 年规模约 1.35 亿吨。由于较长期内，我国国内石油产量基本能稳定在年产 2 亿吨左右的水平，从加速我国能源结构调整，保障石油供应安全，应对气候变化挑战，保护生态环境，以及结合全球能源转型大势看，我国石油消费需要控增量并尽早达峰，这由内因和外因双重因素决定。

（三）天然气要促发展保供应

从全球范围看，作为一种相对清洁的化石能源，天然气在全球能源转型中肩负重要的战略使命，主要国家纷纷将天然气作为未来一段时期重要的主体能源，“以气替煤降碳”更是优化能源结构的重要战略选择。此外，从当前全球能源结构看，天然气在一次能源中占 1/4 左右，且未来较长期或将稳中有升。反观我国，天然气在我国一次能源消费中的比例远不及世界平均水平。从战略层面看，我国天然气面临的主要问题是促发展保供应，与石油相比存在明显不同，所以我国天然气达峰时点要晚于石油。从达峰时点和峰值水平看，在 IEA、BP 等国际机构的预测情景中，只有在 IEA 可持续情景下，2035 年前后我国天然气需求可以达峰。IEA 既定政策情景预测，2030年和2040年我国天然气需求分别为5300亿立方米和6500亿立方米。BP渐进情景预测，2030年和2040年，我国天然气需求分别为5000亿立方米和6400亿立方米。BP快速转型情景预测，2030年和2040年我国天然气需求将分别达到7700亿立方米和9400亿立方米（见图3-6）。课题组预测，我国天然气需求峰值将于2040年后达峰，需求峰值或超过6000亿立方米，按照2040年我国国内年产天然气3500亿立方米左右的预测，我国天然气年进口量将接近3000亿立方米。这就需要从内外两个方面联合发力保障我国天然气的供应安全。

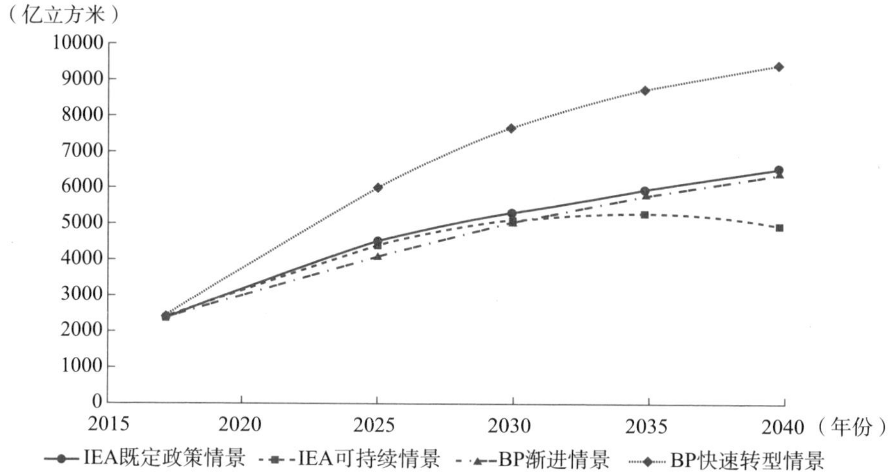

图3-6 IEA、BP对我国天然气需求的预测

资料来源：IEA和BP能源展望。

（四）新能源要在保障生态安全和资源安全中发挥更大作用

新能源是全球能源中长期发展的必然选择。包括可再生能源在内的各种新型能源资源，具有开发潜力大、环境污染低、可永续利用的特点。大力发展新能源，是破解能源资源约束、保护生态环境、减缓全球气候变暖、推进生态文明建设、促进经济社会可持续发展的必然道路。发展可再生能源已经成为国际能源发展的新趋势，可再生能源和其他的新型能源资源在电力、热力、交通燃料等领域已经表现出越来越重要的作用。新能源是我国能源发展的战略选择。大力发展新能源，有利于保障能源供应安全，加快国家战略性新兴产业发展、推动经济发展方式转变、实现高质量发展。建立以可再生能源为主的新型能源体系，已经成为一些发达国家的现实选择和持续行动。新能源是维护国家能源安全的重要保障。我国水能、风能、太阳能等可再生能源资源较为丰富，发展新能源逐步替代化石能源是维护国家生态安全、保障资源安全的重要举措。

（五）确保电力供应成为保障经济社会发展和民生的基本要求

电力是未来能源系统的核心。与煤炭、石油、天然气等一次能源相比，电力具有一系列难以替代的优点。首先，从能源形态属性看，电力在能源系统中处于枢纽地位，煤炭、石油、天然气、核能、水能、风能、太阳能等都可以转化为电力，同时电力也可转化为热、冷、光等终端能源形式。其次，从能源输送的角度看，电力可低成本地实现几千公里距离的远程输送，运输过程能源损失少，输送工程占地面积较小。再次，从终端利用看，电力使用过程没有污染和温室气体的直接排放，使用方便，安全性高，能满足不同设备工艺要求，实现精密控制。最后，从技术和社会发展看，随着核电、太阳能发电、风电设备技术不断成熟，人们可用的电力供应能力持续提高，供电成本稳步下降，进一步巩固了电力在能源系统中的核心地位。技术进步将迎来以数字化、智能化、电气化为特征的超智能社会，电力将在超智能社会中担负绝对主体能源的角色。

未来电力的应用场景越来越多。从终端能源消费环节来看，传统的用电领域和用电方式主要包括照明、加工、制造、运输、制冷、通信等方面。未来电能的利用规模和范围将前所未有地拓展和深化，对其他终端能源消费品种呈现出深度广泛替代的趋势。特别是随着电能替代技术经济性不断提高和政策标准逐步完善，工业电锅炉、电窑炉、电动汽车、电采暖等电供能设备将不断推广普及，工业、交通、建筑等终端部门电气化水平将持续提升。随着5G时代的到来，数字经济产业迎来加速发展，数据中心、通信基站等领域的电力需求将保持强劲增长，进一步促进全社会电气化水平提升。电力在经济社会系统中的地位将更加突出。

因此，电力供应在保障经济社会发展和人民生产生活方面的重要性将越发突出。随着现代化程度不断提高，电力短时间中断和大面积停电对经济社会发展带来的影响越来越大。随着电力在能源系统中的核心地位不断提高，以及电力在经济社会运行中的支撑性作用不断增强，电力安全对国家经济安全乃至国家安全的重要性也越来越突出。未来电力系统将向绿色、智慧、高效、更有韧性方向升级。传统的电力供应安全，主要关注电力供应来源和电力供应通道的安全，对电力系统绿色化程度、智能化程度和电力系统效率关注较少。在解决电力供应来源和供应通道的安全问题后，绿色、智慧、高效和更有韧性成为未来电力系统安全的新目标。

四、深化能源领域市场化改革与保障能源安全尚存在“知”与“行”的误区

（一）对能源安全与能源领域市场化改革的关系认识不足

长期以来，我国存在对能源安全与能源领域市场化改革关系认识的误区，能源领域市场化改革推动缓慢。这种情况在油气行业和电力行业最为典型。油气行业方面，将油气行业列为关系国家安全的重要战略性行业，把油气视为国家战略性资源，国企、国资居绝对主体定位，肩负起保稳定供应、保安全运输的中流砥柱重任。一定程度上形成僵化、固化的局面，甚至少数企业出现上下游一体化经营，影响多种所有制企业的公平进入和充分市场化竞争。电力行业方面，强调电力市场化改革要守住社会风险这最后一道“安全闸门”，坚持电力安全可靠运行是电力体制改革的重要遵循，但现实中要保证电力安全也往往在一定程度上阻碍改革。

实际上，将能源安全与能源领域市场化改革对立起来，能源市场化机

制建设滞后，能源市场化程度低，保障能源安全不以国际通行的市场配置资源方式为主，既在某些方面增加了能源安全风险（如部分弃风、弃光、弃水等问题，油气上游勘探开发环节市场化水平低，竞争不充分，既制约增储上产动力，又未能形成倒逼提高技术创新能力、降低成本、扩大有经济性的增储上产的压力），同时又对效率和成本形成双重扭曲。制约我国能源资源合理开发利用，影响能源安全水平提升和潜力的充分挖掘。

（二）泛化能源安全和不惜代价追求绝对安全

从外部环境看，世界正经历百年未有之大变局，国际环境对我国经济发展的挤压恐加剧，由此可能牵涉能源地缘政治层面，或将增加我国面临潜在极端能源安全的风险。在此背景下，容易出现泛化能源安全，将“极端条件”能源安全与“常规条件”能源安全相混淆，因过分注重“极端条件”能源安全，将应对“极端条件”的能源安全保障思想与举措，生搬硬套到本可遵循市场规律和国际通行做法的“常规条件”能源安全保障工作上，甚至不排除出现不惜一切代价，也要追求“自主可控”安全和绝对长久安全的思想，从而影响常规性遵从市场规律保障能源安全措施的实施，容易出现过多行政干预，违背市场化原则行事，制约能源领域市场化改革深入。

事实上，我国能源供应实现“长久安全”和“自主可控”可分两种情景。常态下，国内能源生产与海外权益产量基本满足国内能源消费量，实现能源供应“长久安全”；极端应急时，国内能源生产量与战略储备量基本满足国内能源消费量，保障短期极端情况下能源供应“自主可控”。

（三）夸大或淡化我国油气安全问题

一是夸大我国油气安全问题，谈油气对外依存度高而色变。我国一次能源自给率和油气对外依存度情况及预测见图 3-7。囿于我国原油和石油对外依存度已双破 70%，天然气对外依存度也超过了 40%，需求刚性决定了“十四五”及未来一段时期，我国油气对外依存度仍将进一步上升，认为我国油气安全风险巨大。其理由在于，基于管理学“木桶效应”理论，一国的能源是否安全，最终取决于最不安全的那种能源，而不是整体能源。再考虑到大国博弈和国际环境复杂因素，油气供应安全被视为我国能源安全的最大“短板”。正因为此，一段时期以来，我国能源安全忧患意识的“主动”正逐渐演进为油气安全过分焦虑的“被动”，出现夸大油气安全的问题。特别是在大国博弈加剧，地缘政治复杂多变的背景下，担心我国能源安全“短板”成为靶向攻击的重点，焦虑于掐断供应、切断运输等极端性能源安全风险。

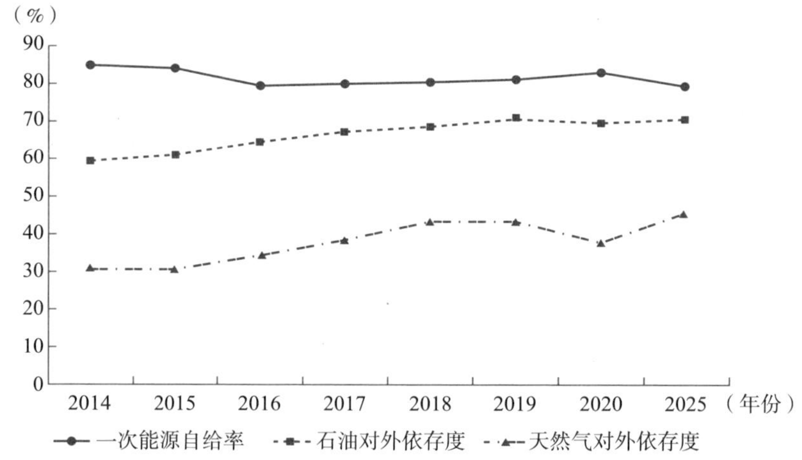

图 3-7　我国一次能源自给率和油气对外依存度情况及预测

资料来源：课题组计算。

二是淡化油气安全问题。认为我国油气对外依存度高不是问题，日本、韩国、德国石油对外依存度近乎 100%，也没有不安全。在全球油气市场总体宽松的背景下，认为我国油气安全完全可以通过市场化的手段来解决，无战略性、底线思维的忧患。

上述夸大或淡化油气安全的问题，主要是忽视了四个基本事实。其一，忽视我国能源总体自给率在 80%以上的基本盘，我国国内年产原油约 2 亿吨，天然气近 2000 亿立方米的“家底”，以及 4000 万~8000 万吨的煤制油能力。其二，在油气长期供过于求的背景下，忽视我国对外依存度高的“短板”与我国巨大的油气需求优势，是影响国际市场的“长板”力量，这是油气主要出口大国无法忽视的，这次新冠肺炎疫情背景下掀起的国际油市风暴充分体现了供方对需求“深蹲”的恐慌，对市场份额的看重。作为资源型国家，油气主要出口国的命运与需求方紧密相连，一旦长时间出口受阻受困，最先撑不下去的恐怕是严重依赖油气出口的供应方。当然，在经济全球化的时代，资源全球配置，各国互相依赖加深，对外依存度高并不等于不安全，但影响供应安全的风险因素的确存在，不排除因局部性突发事件引致暂时性供应紧张的发生。其三，忽视我国油气安全具有“敏感”和相对“不脆弱”的一面。虽然中美博弈是我国能源安全风险的一大关键变量，在不发生大的战争冲突前提下，我国油气安全有保障。其四，油气是全球大宗商品，且在全球范围已经高度市场化，即使局部性的地区紧张造成油气供应短期锐减，因油气的金融属性和市场情绪，将推高甚至放大国际油气市场价格，这将波及世界整体。此外，虽然突发性事件能导致减产减供，但供应快速恢复的能力已今非昔比。

五、市场化改革是新时期保障我国能源安全的必然选择

（一）国际油气资源以市场配置为主

尽管油气资源具有重要的战略属性，但长期以来，国际油气资源已形成以市场配置为主的局面。从贸易看，油气进口国和油气出口国之间，依托国际化、市场化的交易手段开展国际贸易，油气的大宗商品属性充分凸显。

从投资看，无论是崇尚自由市场的西方发达国家，还是传统的油气资源型国家，油气领域不同产业链环节、不同程度实现了对外资逐渐放开，油气领域的投资限制逐渐减弱，市场化的竞争走强。因此，一些国家的油

气公司巨头，不限于只在本国范围内“守摊”的局限，积极“走出去”到国际大舞台上去参与竞争，在上游参与全世界油气资源的再配置，在中下游不断延伸。

从市场联系看，国际油气市场高度关联，已经形成反映国际市场供需的市场化定价机制。对我国而言，油气需求还未达峰，受自身资源所限，庞大的油气需求体量决定了我国离不开国际油气市场的资源支持。基于此，新时期保障我国油气安全，需要形成与国际油气市场接轨的体制机制，将深化油气行业市场化改革与扩大高水平开放相结合，充分利用“两种资源、两个市场”，畅通国内国际双循环。也就是说，对外利用国际油气市场长期供过于求的有利时机，优化配置全球资源；对内通过放开两端促进形成公平竞争的上游资源供应和下游销售市场，实现投资主体多元化，市场竞争多元化，实现降低成本，提高油气资源配置效率。稳步推进油气资源市场化配置，是新时期我国保障能源安全的必然选择。

（二）国内油气资源增储上产需打破垄断

中国石油天然气集团有限公司、中国石化石油化工集团有限公司、中国海洋石油集团有限公司三大国有油气公司（简称“三大油”）是我国油气领域的国家队和绝对主力军，其在保障我国能源安全中发挥了至关重要的作用。但也要看到，长期以来，我国油气市场具有浓厚的垄断色彩，因长期占据垄断地位，缺乏有效的市场竞争倒逼，未能对“三大油”充分形成创新和降成本的压力，既制约国内增储上产潜力的挖掘，以及优化资源配置和效率提升，又掣肘我国油气行业的整体竞争力，更影响我国能源安全综合水平。

从国内上游环节的探矿权和采矿权面积看，截至 2019 年底，“三大油”拥有的探矿权占比高达 96%，采矿权占比更高达 99%。由此足见，“三大油”在我国油气领域上游环节处于绝对优势地位。

此外，我国油气资源探明储量巨大（见表 3-4），但我国油气领域上游的矿业权持有成本低，市场化的经济手段调节作用发挥效力不够，影响我国油气资源综合开发利用。实行矿业权登记制度以来，国有大石油公司以“申请在先”方式无偿取得了我国几乎所有陆域和海域油气区块，由于矿业权获取成本低，后期勘探投入的力度和主动性不足，所以“捂盘”行为时有发生。虽然我国油气勘探开采市场的大门已正式完全打开，无论是民营、外资或是其他行业企业，均将迎来与“三大油”同台竞争的机会，上游勘探开采主体也将日趋多元化。但最核心的问题是，目前并没有拿出足够的优质区块公开招标，退出机制不健全等因素的存在，某种程度上制约增储上产潜力的发挥。

表 3-4　我国油气探矿权履行勘查义务与退出区块面积情况

年份	油气勘查许可证数（个）	油气勘查投入（亿元）	登记勘查面积（平方千米）	每平方千米平均投入（万元）	核减（注销）区块面积（平方千米）	勘查投入完成率（%）
2005	1035	286. 2	430. 2	0. 7	—	41. 1
2006	1045	409. 9	432. 5	0. 9	17	43. 8
2007	1029	506. 9	441. 6	1. 1	—	—
2008	1011	488	423. 4	1. 2	—	—
2009	1096	510. 4	423. 7	1. 2	9	—
2010	1089	616. 5	429. 3	1. 4	—	—
2011	1085	674. 7	423. 3	1. 6	2. 9	—
2012	1034	786. 6	406	1. 9	28. 1	76. 6
2013	1068	741	413. 1	1. 8	6. 5	63. 1
2014	1030	724. 2	397. 8	1. 8	19. 3	66
2015	1000	601. 2	370. 7	1. 6	23. 4	—
2016	978	527. 5	358. 8	1. 5	17. 8	64. 4
2017	941	597. 5	330. 7	1. 8	24. 9	—
2018	924	636. 6	309. 5	2. 1	—	83. 1

注：勘查投入完成率是指参与年检（或公示）且完成最低勘查投入的探矿权数量所占比例情况；“—”表示无数据或不可获得。

资料来源：《中国国土资源年鉴》，2015—2018 年全国石油天然气资源勘查开采情况通报。

总体上，保障油气安全需要夯实和稳定国内自给能力“家底”。在上游形成事实垄断的局面下，需要依托市场化打破垄断格局，只有建立完善的市场退出机制，激活油气市场主体活力，倒逼创新压力，形成降成本的动力，才能切实提升国内油气增储上产的潜力和能力。

（三）保障电力安全离不开电力市场化

保障电力安全需要遵循市场规律和电力系统运行灵活性和安全性的要求，在电网建设、调度运营、市场交易、技术创新等维度综合发力，推动“源网荷”协同发展，提升电网安全和电力系统稳定运行水平。电力中长期市场与现货市场，特别是电力现货市场规则设计和实际运营要统筹考虑地区电源、负荷分布和电网结构特点，既要确保市场平稳运行，又要保障电力安全运行和可靠供应。

实际上，20 世纪 80 年代以来，全球众多国家已经进行了电力市场化改革。经过一系列电力市场化交易体系和电力系统运行机制的改革，不仅通过市场价格信号实现了电力资源的优化配置，也通过市场手段促进了电力系统运行灵活性的提升，同时促进了以风力发电、光伏发电为代表的低碳电源的消纳，从供给端促进低碳转型，保障绿色安全。

保障电力安全需要“源网荷”的协同发展，需要“发输配用”各环节的价格信号传导，以及切实以市场需求反导供给端的优化匹配。在发电侧深化市场化改革和引入竞争手段，有利于最大限度挖掘电源资源的综合利用潜力，实现电源资源的优化配置。在电网侧推进其与市场需求的有机衔接，有利于减少过度依赖计划色彩的规划限制，既能避免网载能力跟不上源和荷的需求，也能避免网输能力过分富余的浪费。

借助市场化的手段，形成与实际相匹配的容量市场，公平竞争的辅助服务市场，优化资源配置的电力现货市场，更有助于保障电力市场的整体安全。比如，电力现货交易是电力市场的重要组成部分，依托市场化手段，优化资源配置，有利于保障电力实时平衡和电网安全运行。作为完整的电力市场体系重要组成部分，电力现货市场主要开展日前、日内、实时电能量交易和备用、调频等辅助服务交易，与电力中长期市场形成互补，是实现资源优化配置的重要平台，以市场化手段保障电力实时平衡和电网安全运行，实现更具经济性的用能成本。

电力辅助服务是电力安全供应的重要支撑，作为电力现货市场稳定运行的保障，电力辅助服务市场与现货市场相辅相成，随着电力现货市场建设推进，辅助服务逐渐摆脱行政命令式的运行方式，有助于提高电力系统的调节能力，保障电力安全供应。

此外，市场环境能够限制调度的随意性，激发电力发和用的理性，实质上促进安全。依托市场化的需求侧管理，形成市场化的价格信号，有利于平衡负荷需求，实现供需之间的平衡优化。

（四）深度绿色化电气化需要多元竞争的电力市场

随着信息技术与物理世界的深度融合，以及人工智能的广泛渗透，超智能社会将是不可逆转的演进方向。而“大智移云物”技术的应用以电能为重要载体，社会生产生活领域新技术、新模式、新业态不断涌现，将促使对电能的需求不断提升，电气化进程势不可当，深度电气化将是必然，电力也将成为未来能源系统的核心。

在能源绿色低碳转型进程中，煤、油、气、核、可再生能源等不同能源品种之间需要市场化的竞争，打造具有竞争力的电力市场，实现绿色电气化，将助力发展非化石能源，并逐步实现对化石能源的增量替代和存量替代。一方面，通过市场化建设和交易，提升电力系统灵活性，为风、光、水等低碳电源创造更大的消纳空间，促进能源绿色低碳转型。部分地区出现的清洁能源消纳困难局面，除了深度调峰、启停调峰等电力辅助服务市场化程度低外，深层次原因在于我国大部分地区还存在电力系统运行灵活性不足、清洁能源开发与市场需求不匹配、输电通道规划不合理、配套消纳机制不健全、市场机制不健全等问题。另一方面，通过合理的市场价格信号，在工业、交通、居民等诸多能源消费领域实现电能替代和能效提升，从能源消费侧实现深度电气化进程的加速，从终端消费侧实现以低碳电能替代高碳排放的传统能源。特别是零边际成本的新能源大规模使用将带动用电成本下降，电能的替代优势逐步凸显，推动电能在能源消费侧的深入广泛利用，电气化水平将实现快速上升。

综上所述，通过市场化手段推进深度绿色电气化，将助力我国可再生能源的“长板”做长做足，夯实能源安全的绿色本底，这既是我国能源安全的治本之策和长久能源安全的“自主可控”之路，更是赢得未来的关键之举。

六、新时期保障我国能源安全的主要举措

（一）强化顶层设计，整合力量提升应对能源安全风险能力

“备豫不虞，为国常道”。需要牢固树立保障能源安全的底线思维和忧患意识，强化顶层设计和落实，整合力量提升应对能源安全风险能力，具体建议如下：

一是借助政治、经济、外交等多重手段，强化能源与外交、军事、经贸等多方面综合布局，深化元首能源外交，推进能源与非能源、化石能源与非化石能源的一揽子捆绑式合作，深化与重点油气供应地的全方位合作，形成“油气+”和“可再生能源+”合作新模式，提升能源安全保障能力。

二是建议将能源安全作为总体国家安全观的重要内容，由中央国家安全委员会牵头统一协调有关部门，启动新一轮能源安全战略修订工作，明确新形势下能源安全体系各项重大战略目标，健全能源安全保障工作机制，建立综合性应急响应机制、数字化模拟仿真演练机制，制定针对性预案。

三是加强能源安全软实力建设。深化能源智库建设，密切能源国际交流与合作，发挥民间力量的桥梁作用，助力能源国际合作深入。

四是借鉴国际经验，适当增加我国能源主管部门在国际舞台和国际活动中的发声，尝试在重点能源进口地区（譬如中东地区）设立能源特使，巩固和稳

定与主要能源合作方的关系。

（二）做好“市场”大文章，务实提升能源安全保障水平

一是发挥我国全球油气最大“买家”优势，提升国际话语权和影响力，赢得保障能源安全的主动。在全球能源转型、油气供需格局深刻调整，国际油气市场总体宽松的长期背景下，油气“买方”市场加速形成已不可逆转。在此背景下，油气进口国和消费国的话语权将不断上升，而油气生产国和出口国的影响力将逐渐下降。我国已然是全球最大的油气“买家”，在油气需求达峰之前，我国油气进口增量还将继续增长。我国庞大的油气需求和消费体量，是影响国际油气市场的重要力量，我国更是油气主要“卖方”重点角逐的对象。也就意味着，我国蕴藏着时势赋予的保障能源安全“结构性权力”历史性机遇。建议用好用足手中这张优势牌，将其作为我国在能源国际合作中的重要议价工具和保障能源安全的重要手段，提升我国在国际能源格局与对外战略中的影响力。

二是充分利用市场化的竞争手段，盘活油气上游市场，挖掘国内增储上产潜力。应对或有之变局，挖掘国内资源潜力和综合开发利用潜力，提升国内油气增储上产能力，是保障我国能源安全的重要使命。建议深化油气行业上游市场化改革，建立健全油气探矿权退出机制，打破“三大油”在上游勘探开采环节形成的固化垄断局面，倒逼油气公司竞争创新，借此推动油气公司在降低综合开采成本的基础上提升国内油气增储上产能力，夯实和稳定国内原油年产2亿吨和天然气年产2000亿立方米以上的“粮仓家底”，为保障我国能源安全提供“稳定器”。

三是打造多元竞争的电力市场，释放保障电力安全的市场潜力。不断深化电力行业市场化改革，推动“源网荷”协同发展，电网主辅分开、输配分开，建立完善的电力现货市场、辅助服务市场、容量市场，通过市场优化资源配置，为终端用能电气化，电源侧高比例可再生能源发展提供支撑，保障电力市场安全。

（三）加强油气储备体系建设，切实补齐能源安全短板

通过建设适度规模的国家战略储备和商业储备，提升对突发性供应中断和能源价格大幅波动的应变能力，是保障能源安全的重要手段，这也是油气净进口国的共性做法。世界石油消费大国如美国、日本等国家都把加强石油战略储备作为保障本国能源安全的重要措施。

反观我国，石油储备能力远低于美国、日本等发达国家的水平，我国油气储备体系和储备能力建设滞后（储备方式、管理方式、运营方式），导致不能充分把握市场变化形成的机会窗口，未能有效形成“低吸急放”缓冲池，放大了我国能源安全风险敞口。

对此，建议借鉴国际通行做法，加快和扩大油气储备设施建设，完善储备品类，采取国家战略储备和商业储备相结合的方式，建立有效的储备运营模式和市场化投放机制。在“十四五”时期加快提升油气储备体系和储备能力建设，全面提升油气储备规模和储备能力，增强突发情况下油气资源安全供应综合保障能力，切实补齐我国能源安全的重大短板。

（四）深化能源治理国际合作，助力保障共同能源安全

一是深入参与国际能源署、国际能源论坛（IEF）、国际能效合作伙伴关系组织（IPEEC）、国际可再生能源署、国际能源宪章组织等功能性能源治理机制下的合作，积极融入能源治理机制改革进程，丰富和完善能源治理功能，为能源国际合作创造更多便利化安排。

二是深入参与在联合国、二十国集团（G20）、亚太经济合作组织（APEC）等综合性多边框架机制下的能源治理合作。特别是，鉴于 G20 涵盖全球最具影响力的发达经济体和新兴经济体，拥有多层次治理主体间的协调和应对危机能力，G20 是改善国际能源治理和提升我国影响力和话语权的理性平台。把握全球能源转型进程，重点推进和加强 G20 框架下的全球能源治理顶层设计，将 G20 打造成全球能源治理的核心机制。加强上海

合作组织、金砖国家合作等平台下的多边能源治理合作，降低能源地缘风险，协同保障区域和共同能源安全，深化上海合作组织能源俱乐部、金砖组织能源研究平台下的政策沟通与合作，依托多边平台和多边项目，解决能源安全与治理领域的双边、诸边合作问题。

三是深化“一带一路”倡议下的能源治理合作，推进共建“一带一路”能源治理规则化、制度化、机制化，推动形成依托“一带一路”倡议以建设能源命运共同体为目标的国际能源治理新机制。

（五）加快能源绿色低碳转型，夯实能源安全治本之策

绿色是长久安全，低碳赢得未来。按照习近平总书记能源安全新战略总体部署，坚持能源安全“低碳观”，深入推进能源消费、生产、技术、体制革命，发挥有效的市场作用，匹配有为的监管服务，切实破除深层次能源绿色低碳发展的瓶颈障碍，高质量立体式保障能源安全，实现有效应对气候变化、全方位保护生态环境等可持续发展的多元目标。

特别是在国际油气市场总体宽松、油气价格中低位徘徊的背景下，要毫不动摇保持发展可再生能源的战略定力，把我国可再生能源全产业链优势、综合运营优势、市场潜力优势的“长板”做长做足，推动可再生能源高比例化、交通能源去油化、终端用能电气化、能源系统智慧化，以实现2030 年前碳达峰和 2060 年前碳中和目标，反推制定我国“十四五”时期后各关键阶段能源绿色低碳转型目标举措，致力于尽早摆脱化石能源对我国发展的钳制，从根本上夯实能源安全的治本之策。通过能源绿色低碳转型的“自主”，消除掣肘我国战略全局的极端能源安全隐忧“被动”，既为我国经济高质量发展提供强大支撑，更为我国对外战略和国际博弈角力赢得主动和先机。

参考文献

[1] IEA. World Energy Outlook 2019 [M]. Paris: IEA, 2019.

[2] EIA. International Energy Outlook 2019 [R]. 2019.

[3] BP. Energy Outlook 2018 [R]. 2019.

[4] 韩文科，张有生. 能源安全战略 [M]. 北京：学习出版社，2014.

[5] 周云亨，方恺，叶瑞克. 能源安全观演进与中国能源转型 [J]. 东北亚论坛，2018 (6)：80-91.

[6] 周新军. 能源安全问题研究：一个文献综述 [J]. 当代经济管理，2017 (1)：1-5.

[7] 蒋钦云，刘建国，朱跃中. 改革开放40年能源国际合作回顾及新时代推进建议 [J]. 宏观经济管理，2018 (12)：12-18.

[8] 张华新，刘海莺. 能源市场化与能源安全 [J]. 中国矿业，2008 (3)：5-7.

第四章

要素市场化配置改革对能源领域市场化改革的影响

能源领域市场化改革需要进一步深入推动土地、劳动力、资本、技术、数据等要素的市场化配置。油气、电力等行业在要素市场化配置中还存在诸多典型问题，在土地要素方面，矿权流转不畅，新能源发展用地政策不够清晰明确；在劳动力要素方面，能源产业更替中一般劳动力再就业困难；在资本要素方面，国有能源企业资本运营效率偏低，民营企业、中小企业普遍存在融资难、融资渠道单一问题；在技术要素方面，技术转移和扩散制度不完善、交易成本高；在数据要素方面，数据要素市场还不成熟，开放共享程度较低。应继续深化能源领域土地、劳动力、资本要素市场化配置改革，培育发展能源技术和数据要素市场，推动要素市场化配置改革来助推能源领域市场化改革。

2020 年 4 月和 5 月，党中央、国务院连续出台两份重要改革文件，分别为 4 月 9 日发布的《中共中央　国务院关于构建更加完善的要素市场化配置体制机制的意见》，以及 5 月 11 日发布的《中共中央　国务院关于新时代加快完善社会主义市场经济体制的意见》（以下简称《意见》）。这两份文件指明了今后一段时期经济体制改革的着力点。

《意见》对新时代加快完善社会主义市场经济体制的目标、方向、任务和举措进行系统设计，为在更高起点、更高层次、更高目标上推进经济体制改革提供了行动指南。从总体要求上，《意见》提出要“以完善产权制度和要素市场化配置为重点，全面深化经济体制改革，加快完善社会主义市场经济体制，建设高标准市场体系，实现产权有效激励、要素自由流动、价格反应灵活、竞争公平有序、企业优胜劣汰，加强和改善制度供给，推进国家治理体系和治理能力现代化，推动生产关系同生产力、上层建筑同经济基础相适应，促进更高质量、更有效率、更加公平、更可持续的发展”。对于能源领域市场经济体制的完善，《意见》提出要“稳步推进自然垄断行业改革。深化以政企分开、政资分开、特许经营、政府监管为主要内容的改革，提高自然垄断行业基础设施供给质量，严格监管自然垄断环节，加快实现竞争性环节市场化，切实打破行政性垄断，防止市场垄断。构建有效竞争的电力市场，有序放开发用电计划和竞争性环节电价，提高电力交易市场化程度。推进油气管网对市场主体公平开放，适时放开天然气气源和销售价格，健全竞争性油气流通市场”。并指出要“完善支持非公有制经济进入电力、油气等领域的实施细则和具体办法，大幅放宽服务业领域市场准入，向社会资本释放更大发展空间”。

《意见》明确了要素市场制度建设的方向及重点改革任务，并就扩大要素市场化配置范围、促进要素自主有序流动、加快要素价格市场化改革等作出了部署。作为党中央关于要素市场化配置的第一份文件，对形成生产要素从低质低效领域向优质高效领域流动的机制，提高要素质量和配置效率，引导各类要素协同向先进生产力集聚，推动经济发展质量变革、效率变革、动力变革，加快完善社会主义市场经济体制具有重大意义。《意见》分类提出五个要素领域改革的方向：土地要素方面，着力增强土地管理灵活性，灵活产业用地方式，灵活土地计划指标管理，适应经济社会发展需求；劳动力要素方面，着力引导劳动力要素合理畅通有序流动，畅通落户渠道，畅通职称评审渠道；资本要素方面，着力完善多层次的资本市场制度，完善股市基础制度建设，完善债券市场统一标准建设；技术要素方面，着力激发技术供给活力，促进科技成果转化，激活产权激励，激活技术转移机构和技术经理人活力；数据要素方面，着力加快培育数据要素市场，全面提升数据要素价值。此外，《意见》提出加快要素价格市场化改革和健全市场运行机制，明确政府对要素价格、市场运行的调节和监管内容。

能源领域也存在着要素市场发育不充分、市场决定要素配置范围有限、要素流动存在体制机制障碍等问题，影响了市场在资源配置中决定性作用的发挥，这也在很大程度上影响了能源领域关键环节市场化改革的进一步推进，制约了能源领域的各类市场主体的活力释放。推进能源领域要素市场化配置是能源领域关键环节市场化改革的重要前提，是能源领域建设高标准市场体系的客观要求。

一、要素市场化配置理论与实践

（一）要素市场化配置改革相关理论

1. 要素投入对经济增长的贡献

经济学理论认为，经济增长是由资源、劳动、资本、技术、知识、制度等多因素共同推动的。生产要素的投入是经济增长的直接动力，经济学家尝试使用不同方法测算要素对经济增长的贡献，典型方法有两种。一种是因素分析法，该方法以实际国内生产总值的增长率作为主要指标，来测算经济的实际增长速度，然后通过确定历年各生产要素的收入分配在国内生产总值中所占比重，各要素耗费量在总要素耗费中所占的比重，以及影响单位综合要素投入产出水平的各种因素的变化，进行综合权衡，推算出各种要素对经济增长的贡献率。另一种是根据柯布-道格拉斯生产函数，代入实际数据进行测算。公式是将经济增长表示为一定生产技术条件下投入和产出之间的数量关系，投入要素通常使用劳动和资本两种。

2. 对要素内涵的认识

在经济学理论中，生产要素是指进行社会生产经营活动时所需要的各种社会资源，是维系国民经济运行及市场主体生产经营过程中所必须具备的基本因素。生产要素包括人的要素、物的要素及其结合因素。传统上，生产要素包括劳动、资本、土地等。劳动是指人们在生产过程中提供的体力和脑力的总和。资本可以表现为实物形态或货币形态，资本的货币形态又称为货币资本，资本的实物形态又称资本品或投资品，如厂房、机器、原材料等。土地不仅指土地本身，还包括地上和地下的一切自然资源。

其他因素的贡献作用常被视为广义技术进步，即产出增长中扣除劳动力和资本投入增加的作用之后，所有其他因素作用的总和。除“硬技术”

进步以外，还包括管理水平提高、改善组织管理方法、采用新决策方法、改善资源配置方式等“软技术”方面的进步。随着科技的发展和知识产权制度的建立，技术、信息也逐渐被视为相对独立的生产要素。技术是指人类在实践基础上通过经验总结、科学研究和实验等方式创造和发明出来的可以直接地改进生产或改善生活的知识和技能。信息（数据是其典型形式）的投入具有现实的经济应用价值，能给掌握这种信息的经济活动主体带来实际的经济利益，提高其经济活动的效益水平。

3. 要素市场化配置是深化改革的内在要求

党的十九大报告指出，“坚持社会主义市场经济改革方向”“加快完善社会主义市场经济体制”，明确“经济体制改革必须以完善产权制度和要素市场化配置为重点，实现产权有效激励、要素自由流动、价格反应灵活、竞争公平有序、企业优胜劣汰”。完善产权制度和要素市场化配置被确定为深化经济体制改革的两大重点任务。

改革开放以来，尽管我国商品和服务市场发展迅速，97%的商品和服务已由市场定价，但要素市场发育滞后，存在着要素市场化配置范围相对有限，要素流动存在体制机制障碍，要素价格形成机制不健全等问题。

在当前背景下，我国经济增长面临“长短期”和“内外部”因素叠加共振冲击，构建更加完善的要素市场化配置体制机制是深化改革的内在要求。加快完善社会主义市场经济体制，充分发挥市场配置资源的功能，提高资源配置效率和全要素生产率，推动经济高质量发展，必须深化要素市场化配置改革，推进要素市场制度建设，清除要素自由流动的体制机制障碍，实现要素价格市场决定、流动自主有序、配置高效公平。

（二）各要素市场化配置面临的问题与改革方向

《意见》对推进要素市场化配置改革进行总体部署，文件提及五类要素，包括土地、劳动力、资本、技术和数据，从经济发展和改革的角度，明确了要素市场制度建设的方向和重点改革任务。能源领域落实要素市场化配置改革首先应立足于对经济领域全局性问题的理解和把握。

1. 土地要素

土地要素是生产和生活的载体，也是经济发展中最基本的生产要素之一。受土地制度的约束，我国的土地市场化程度仍然有待提高。一是土地制度上呈现城乡二元结构。城市土地归国家所有，经过一系列改革，市场化程度相对较高；而农村土地归集体所有，为了保障农民利益，保护耕地红线，农村土地的市场化程度一直较低。二是土地供给结构性失衡。由于土地供应很大程度上由地方政府决定，政府往往倾向于以高价出让商业服务业和住宅用地，获取土地财政收入，以低价出让基础设施用地和工矿仓储用地，以谋求 GDP 的增长。如果政府过多地进行主动管理，市场就很难发挥其配置作用，从而导致经济的结构性不均衡，部分地块利用效率偏低。

《意见》就“推进土地要素市场化配置”提出四点改革方向，一是建立健全城乡统一的建设用地市场；二是深化产业用地市场化配置改革；三是鼓励盘活存量建设用地；四是完善土地管理体制。

对于如何推进土地要素市场化配置改革，李铁认为，首先，应处理各级政府之间对土地管理权限的再分配关系；其次，土地要素市场化改革要解决政府和市场之间的关系；最后，在土地要素市场化配置中应处理好城乡关系。自然资源部咨询研究中心认为，建立健全城乡统一的建设用地市场，是当前土地要素市场化配置的第一要务。在深化产业用地市场化配置改革中，调整完善产业用地政策，推动不同产业用地类型合理转换，探索增加混合产业用地供给，完善促进盘活存量建设用地的税费制度，利用市场机制盘活存量和低效用地也是重要的改革方向。另外，还要总结典型地区做法和经验，完善存量和低效建设用地市场化配置制度，以及推进矿业权等其他自然资源要素市场化配置改革。黄奇帆认为，贯彻土地要素市场化配置改革精神，关键要从两方面着力：一是如何充分市场化，要研究更多运用市场机制来盘活存量土地和低效用地的引导性、鼓励性政策，全面提升市场主体参与存量用地盘活利用的积极性，鼓励自主开发、联合开发，建立多渠道盘活利用机制；二是完善相关税费制度，需要进一步研究完善存量用地盘活利用的收益分配机制，实现地方政府、原土地使用权人、开发单位等主体间利益合理分配。此外，还要强化监督管理，避免权力寻租。

2. *劳动力要素*

我国的劳动力配置从计划经济下国家统包统配，逐步转变到企业有用人自主权、职工有择业自主权，通过劳动契约实现就业，就业方式发生了根本性转变，有力地促进了我国经济增长。同时，也应看到我国劳动力要素市场化配置还存在诸多问题。据统计，我国 4.2 亿城镇就业人员中有 2.8 亿名农民工，由于户籍、社会保障和基本公共服务等行政性分割，形成就业双轨制，阻碍了劳动力公平竞争与城镇化推进。又如，在北京、上海这种特大城市中，有众多流动人口在城市里工作，户籍制度的高门槛也一定程度造成了公共服务不均等。

《意见》就“引导劳动力要素合理畅通有序流动”提出四点改革方向，一是深化户籍制度改革；二是畅通劳动力和人才社会性流动渠道；三是完善技术技能评价制度；四是加大人才引进力度。

宋晓梧认为，劳动力要素市场化配置关键要做到“两个畅通”，一是深化户籍制度改革，畅通落户渠道；二是完善技术技能评价制度，畅通职称评审渠道。也有学者认为，工业化发展到中后期，高级要素成为最重要的要素，高端劳动力要素即人力资本（区别于一般劳动力）更加需要开放、公平、有利于创新的制度，例如通过人才“旋转门”制度，来打破体制界限，使人才能够在政府、企业、事业单位间有序顺畅流动，这也需要社会福利制度和社会保障制度在一个平台上融会贯通。

3. 资本要素

资本市场连接着投资者与企业，连接资金供给与项目资金需求。完善资本要素市场化配置，就是要让市场在配置金融资源中起决定性作用，发挥资本市场“新陈代谢”的功能，提升国民经济竞争力。一直以来，我国股票融资占社会融资的比重严重不足，直接融资占比相对较低，无法为科技型、创新型企业提供足够的资源支持。在发展新产业、培育经济增长新动能的过程中，传统融资渠道与具备高风险的创新型企业无法匹配，必须进一步发展股权融资，让资本市场成为产业升级和创新驱动的推进器。

《意见》就“推进资本要素市场化配置”提出四点改革方向，一是完善股票市场基础制度；二是加快发展债券市场；三是增加有效金融服务供给；四是主动有序扩大金融业对外开放。

对于资本要素市场化配置中存在的问题，徐诺金认为，一是中小型金融机构发展不足，市场竞争不充分；二是资本市场发展短板明显，上市公司整体实力不强，基础制度还不健全、不完善，投资者结构不合理，发挥融资功能作用弱；三是金融体系普惠性、包容性不够，我国金融体系以商业性金融和政策性金融为主，对弱势群体的金融服务被边缘化；四是资本价格的市场化形成机制有待进一步完善。改革内容方面，一是推动体制机制改革，优化金融供给结构。包括完善对中小金融机构的支持政策，问题金融机构破产退出机制等。二是完善资本市场基础性制度，加快多层次资本市场建设。三是完善以权利保障为核心的金融法律体系，建设中国特色社会主义金融制度。四是进一步扩大金融双向开放，提高在全球配置资本的能力。

4. 技术要素

推动技术要素市场化配置，对于实现高质量发展、提升中国核心科技创新能力和竞争力至关重要。我国目前知识产权保护仍存在一定不足，有些企业知识产权保护意识较为薄弱；一些知识产权纠纷面临司法取证难等情况。由于产权制度不完善，特别是体制内职务科技成果的产权界定不清晰，我国的技术要素市场发育迟缓。而新一轮科技革命正引领全球变革，加快发展技术市场尤为迫切。

《意见》就“加快发展技术要素市场”提出五点改革方向，一是健全职务科技成果产权制度；二是完善科技创新资源配置方式；三是培育发展技术转移机构和技术经理人；四是促进技术要素与资本要素融合发展，五是支持国际科技创新合作。

在技术要素市场领域找到资源配置更优的市场模式，是推动技术要素资源更有效率地流转的关键。如何通过产权激励鼓励创新、如何促进科技成果转化，是技术要素市场化配置的两个重要环节。2018 年科技部印发的《关于技术市场发展的若干意见》也提出了提升技术交易市场服务功能和发展水平，推动技术市场服务机构市场化专业化发展，发展壮大技术市场人才队伍，创新技术市场服务模式等一系列举措，并提出到 2020 年，适应新时代发展要求的技术市场初步形成，服务体系进一步完善，市场规模持续扩大；到 2025 年，统一开放、功能完善、体制健全的技术市场进一步发展壮大等具体的要求。

5. *数据要素*

数据是一种新型生产要素，数据所引发的生产要素变革，对我们的生产、消费以及社会组织运行方式产生了深刻影响。数据对提高生产效率的乘数作用凸现，成为最具时代特征新生产要素的重要变化。尽管数据要素的战略地位日益重要，但我国数据要素市场的发展尚处于起步阶段，数据确权、数据安全、开放共享等许多问题仍需要不断探索，以便其能够更好地发挥价值。《意见》就“加快培育数据要素市场”提出三点改革方向：一是推进政府数据开放共享；二是提升社会数据资源价值；三是加强数据资源整合和安全保护。

对于培育数据要素市场，王磊认为，要突破几个方面瓶颈，第一，数据产权法律界定存有空白。明晰的数据要素产权归属和法律性质，是数据资源要素市场化配置的基础，现行法律无论在法律依据层面，还是在操作执行层面，都还不能很好地解决数据产权界定问题。第二，开放共享水平相对较低，政府数据开放质量不高，企业之间数据共享和再利用较少，数据跨境流动限制比较严格。第三，市场体系建设比较滞后，数据要素市场交易机制不完善，数据要素资产估值和定价困难，数字信息基础设施建设不均衡。第四，流动和交易安全风险大。第五，数据监管治理体系还不完善。于施洋等人认为，构建数据要素市场要建立全社会数据流通公共服务平台，营造便于数据要素流通的市场环境，完善数据要素流通分配政策工具箱，推进数据与其他创新要素深度融合，充分释放数据要素的转型带动作用。

（三）在能源领域落实要素市场化配置改革具有重要意义

在经济生活各领域将完善要素市场化配置任务落到实处，推进我国要素市场制度建设，能够进一步增强市场配置资源的功能，从而推动经济发展质量变革、效率变革、动力变革，为我国建设高标准市场体系、推动经济高质量发展、推进高水平对外开放打下坚实基础。

当前我国能源领域市场化改革的重点在于能源商品（油气、电力）的市场化改革，关键在于理顺行业上下游之间、生产者与消费者之间的关系，厘清政府与市场的关系，让市场优化配置资源的作用得到有效发挥。能源领域市场化改革的顺利实现，需要深入推进要素市场化配置改革在能源领域得到落实。这样才能够破解能源行业现存的要素流动不畅的问题，不断提升能源企业和行业的效率与活力。

二、能源领域影响要素市场化配置的典型问题

（一）能源领域的土地要素市场化配置问题

1. 典型问题

由于土地用途管制规则的限制，能源行业在土地使用、土地流转等方面面临不同程度制约。传统能源行业如煤炭开采业在近年出现了由于征地不足减产、停产的现象，新能源行业如风力发电、光伏发电在发展中也出现管理部门多、政策不够清晰造成的用地审批困难。

传统能源行业用地问题存在一些矛盾亟须破解。2019 年“两会”期间，锡林郭勒盟委副书记、盟长霍照良递交《关于破解露天煤矿违法用地问题的建议》，在一定程度上反映了行业生产需求与用地政策之间存在需要破解的矛盾。如何在保证国家 18 亿亩[①]耕地红线以及生态保护红线不破的前提下，规范临时用地管理的相关规定，结合《中华人民共和国矿产资源法》修改工作完善采矿用地政策是下一步需要进行协调的问题。

新能源发展中的土地要素配置问题日益凸显，亟待深化研究统筹解决。在光伏发电、风力发电等新能源发展中，土地是产业的重要生产要素，土地要素的市场化配置程度高度影响着新能源行业发展的效率水平。

2016 年 5 月，国家发展改革委等九部委印发《关于加强资源环境生态红线管控的指导意见》的通知（发改环资〔2016〕1162 号），2017 年中共中央办公厅、国务院办公厅印发了《关于划定并严守生态保护红线的若干意见》，强调了严守资源环境生态红线的要求，“原则上按禁止开发区域的要求进行管理。严禁不符合主体功能定位的各类开发活动，严禁任意改变用途”。对于项目选址用地来说，要严格遵守红线规定。

在我国的土地管理中，土地可分为农用地、建设用地、未利用地三大

---

① 注：1 亩约等于 666.67 平方米。

类。对于新能源发展来说，以光伏发电为例，理论上，“未利用土地”、大部分“建设用地”可以用作光伏发电项目的场址，小部分“农业用地”可以通过农光互补的形式开展。对于光伏发电项目，需占用河道、草地、林地的，除了应遵守国家对土地管理的规定，还要考虑到水利、草原、林业等部门的管理规定，办理相应的监管审批手续。

关于新能源发展中土地复合利用（“农光互补”“渔光互补”）：2015年11月，国土资源部联合六部委出台了《关于支持新产业发展促进大众创业万众创新用地的意见》，指出光伏发电项目使用戈壁、荒漠、荒草地等未利用土地的，可按原地类认定，用地允许以租赁方式取得。对建设占用农用地的，所有用地均按建设用地管理。但中东部省份基本无戈壁、荒漠、荒草地等未利用土地，而包括耕地、林地、草地、农田水利用地、养殖水面等均属于农用地。这意味着所有“农光互补”项目用地均按照建设用地管理，将大幅增加用地成本。“农光互补”是鼓励在既有农林业设施或养殖大棚上敷设光伏组件，在大棚下面开展农业、苗圃或养殖的项目。“渔光互补”是指渔业养殖与光伏发电相结合，在鱼塘水面上方架设光伏板阵列，光伏板下方水域可以进行鱼虾养殖，光伏阵列还可以为养鱼提供良好的遮挡，形成“上可发电、下可养鱼”的发电新模式。2017年，《国土资源部　国务院扶贫办　国家能源局关于支持光伏扶贫和规范光伏发电产业用地的意见》明确了光伏扶贫项目及利用农用地复合建设的光伏发电站项目的用地政策，对永久基本农田之外的用地要求有所放松，而在复合项目用地中，地方主管部门的主动权增加，间接为“光伏+”项目的用地提供了商榷空间。2019年《自然资源部　农业农村部关于设施农业用地管理有关问题的通知》，在一定程度上对光伏发电行业用地进行明确，起到了对光伏发电用地“松绑”的作用。

关于林业用地的规定和问题：2015年国家林业局下发《关于光伏电站建设使用林地有关问题的通知》（林资发〔2015〕153号）规定，只要不改变林地性质，建设光伏电站用地可以通过租赁方式使用林地。2018年，国家林业局发布的《关于进一步加强国家级森林公园管理的通知》指出，除《国家级森林公园管理办法》规定的禁止性行为以外，国家级森林公园内原则上禁止建设垃圾处理场、房地产、私人会所、工业园区、开发区、工厂、光伏发电、风力发电、抽水蓄能电站、非森林公园自用的水力发电项目。同年，国家林业局发布的第50号令《在国家级自然保护区修筑设施审批管理暂行办法》第三条中指出，禁止在国家级自然保护区修筑光伏发电、风力发电、火力发电等项目的设施。必须建设修筑如水利水电项目且无法避让国家级自然保护区的，需要附上相关说明材料。2018年9月，《国家林业和草原局关于规范风电场项目建设使用林地的通知（征求意见稿）》公开征求意见，其中关于将自然遗产地、国家公园、自然保护区等敏感区域列入风电项目禁限区域的规定，得到了普遍认同，但有关风电场建设一律“禁止使用有林地”的规定则过于僵化。2019年，为规范风电场项目建设使用林地，国家林业和草原局下发《关于规范风电场项目建设使用林地的通知》，对2018年9月11日发布的《国家林业和草原局关于规范风电场项目建设使用林地的通知（征求意见稿）》内容进行了修改完善，删除不得占用坡度25度以上区域的有林地等部分不合理条款。

河湖用地管理：2020年8月，中国水利部办公厅印发《关于进一步加强河湖管理范围内建设项目管理的通知》提出，将进一步加强河湖管理范围内建设项目管理，规范涉河建设项目许可。对光伏发电、风力发电等建设项目，要符合相关规划，进行充分论证，严格控制，严重影响防洪安全、河势稳定、生态安全的，不得许可。

总体来看，能源发展中面临的土地问题关系到产业发展的效率和质量。土地类型的划分，使得不同的土地管理部门存在差异，一定程度造成了土地要素市场的分割。特别是在新能源发展中，用地审批困难，用地政策不够清晰明确，一定程度上存在着“一刀切”的问题，市场在土地要素配置中的作用发挥不够，导致部分适宜风力发电、光伏发电发展的土地要素资源没有得到有效利用，新能源行业发展效能没有充分发挥。

2. 改革方向

能源产业用地涉及发改、能源、环保、自然资源、农业农村、水利、林业等多个部门，管理规定和手续办理较为复杂、审批流程和周期较长，部门间管理规定差异性也造成了要素市场一定程度被割裂。未来应进一步研究部门间用地管理中的协调机制，促进土地要素的流动和市场化配置，在新能源项目用地上给予合理的政策支持。

我国不同地域的自然情况以及风能、太阳能等资源条件不同，新能源消纳也存在差异，在用地管理上应避免采取“一刀切”的做法，考虑给予地方政府更多管理权限，由地方主管部门结合国家法律法规制定本地区用地政策，国家部门提供指导性意见，并严格监管政策的执行，进一步强化事中、事后监管，避免以禁代管。

在符合国土空间规划和用途管制要求前提下，要加强对新能源发展中土地使用政策的研究，创新使用方式，推动不同产业用地类型合理转换，实现以较低成本满足绿色产业发展需求。

（二）能源领域的劳动力要素市场化配置问题

1. 典型问题

推动劳动力要素市场化配置目的在于畅通有序流动。对于能源领域来说，典型是在能源产业结构调整中，传统能源行业（当前主要是煤炭行业）的劳动力向其他行业流动的问题。

2016 年 2 月，国务院颁布了《关于煤炭行业化解过剩产能实现脱困发展的意见》（国发〔2016〕7 号），提出应有序退出过剩产能、淘汰落后产能和其他不符合产业政策的产能、严控超能力生产和新增产能、推进国有煤炭企业重组改革等一系列要求。

我国煤炭行业就业人数在峰值年份2013年达到529万人，2015年为443万人。煤炭去产能首先要解决好职工安置问题。煤炭开采和洗选行业的从业人员主要可以分为技术工人和管理人员两大类，90%的职工都是技术人员，年龄大多集中在30~50岁，文化程度较低。这也造成了煤炭行业劳动力再就业的困难，首先，安置渠道狭窄，中国煤炭工业协会《2017煤炭行业发展年度报告》指出，由于煤矿所在区域产业单一，社会吸纳剩余劳动力能力较弱，关闭煤矿的职工安置大多是通过企业内部消化，但企业内部安置难度越来越大。其次，再就业培训机构混乱、培训资金不足、内容单一、缺乏完善的培训体系等，使得培训效果欠佳，对职工再就业创业帮助有限。

劳动力流动困难，一定程度上也造成了煤炭企业人员臃肿，人力成本高，适合新技术的人才数量少，劳动力错配问题严重。这也导致了行业整体生产效率低，生产成本高，竞争力不足。

2. 改革方向

对于传统能源行业流出的劳动力，要完善失业保险政策，保障其基本生活。同时，开拓新的适应煤炭企业职工特点的创业载体，给予创业补助和担保贴息贷款等政策支持；采取多种技能和特别职业培训，提升安置职工技能；开展再就业帮扶和托底帮扶工作，通过职业引导、职业介绍等多种途径，帮助去产能失岗职工再就业。

（三）能源领域的资本要素市场化配置问题

1. 典型问题

资本要素市场化配置重点在于完善各类融资渠道，并主动有序加快金融开放。对于能源行业来说，突出问题主要表现为，一是新能源企业存在着融资难，融资渠道相对单一的问题；二是仍然存在能源领域国有企业资本运营效率相对较低的问题。

（1）新能源企业融资难、渠道相对单一

目前我国新能源企业的资金来源主要是股东出资、银行贷款、上市融资以及发行债券等债务融资，其中主要为银行信贷融资。在国外已广泛应用的风险投资、私募股权投资、融资租赁、碳金融等融资方式，在中国新能源企业中应用还比较少。在新能源企业中，符合国家产业导向且具有国有企业背景的新能源企业能够较容易地获取商业银行贷款，如水电、核电的新能源企业；海上发电、太阳能薄膜发电、生物质能发电等领域的技术尚不成熟，商业银行基于风险考虑，缩小贷款规模、减短贷款期限、附加较高的担保条件或要求较高的贷款利率等；对于产业链上游的中小民营新能源企业，普遍具有资产规模小、缺少有效担保物、市场竞争力弱等特点，往往较难获得贷款。由于融资方式较为单一，所以一些符合绿色发展方向的能源企业资金不足，一定程度延缓了其发展速度。

（2）能源领域国有企业资本运营效率相对较低

由于能源领域国有企业和政府的责任边界划分不够清晰，所以经营理念和运营模式与市场化要求不够匹配，资本要素的运营效率较低。一方面，能源领域国有企业掌控的资产管理权不仅包括能源资源，还包括非能源资源，不仅有主业，还延伸到大量辅业，资产总量庞大且链条长，存在资产流失、效率低下现象，也造成了低效投资以及主业投资的缺口。另一方面，我国能源领域国有企业规模大，但经营效率相对较低，从盈利情况来看，普遍不能达到国际平均利润水平。根据许勤华、王进等人研究，中国油气企业在成长和研发上表现较为突出，但在效率和安全方面有所不足，中国石油天然气集团有限公司和中国石油化工集团有限公司在规模排名上位居全球前两位，高于壳牌、埃克森美孚、BP、道达尔、雪佛龙等国际石油公司，但效率排名方面却明显落后于这些国际油气巨头。

2. 改革方向

第一，引入政府的积极因素解决融资难问题，在直接融资方面，可为进行绿色产业投资的资金提供一定的政策优惠，在间接融资方面，可为新能源企业提供一定的担保，或者为其提供低息贷款。政府可以作为中间人，将新能源企业、社会资本、银行与第三方专业服务评审机构有机联系起来。

第二，对于资本运营效率低于正常水平的能源类国有企业，一是应对于企业的政策性、社会化职能划分清晰，更多给予企业生产经营自主权，公平参与市场竞争并接受政府监管。二是逐步减少政策优惠，促使企业能够成为合格市场主体参与市场，通过市场竞争促进效率提升。

（四）能源领域的技术要素市场建设问题

1. 典型问题

技术要素市场建设目标是激发科技创新活力。技术不同于有形的各类生产要素，它的产生依赖于创新环境和适当的激励机制。对于能源领域来说，以新兴能源技术为代表的新一轮科技革命和产业变革正在兴起，非常规油气和深水油气、化石能源清洁高效利用、可再生能源、智能电网、安全先进核能等一大批新兴能源技术正在改变传统能源格局。同时，我国能源领域的技术创新还面临着基础研究薄弱，氢能、燃料电池、碳排放等前沿技术投入及研究有限；一些关键核心技术还未突破，燃气轮机及高温材料、海洋油气勘探开发等尖端技术被国外垄断；原创性成果不足等问题。创新环境也有待进一步完善，科技创新与产业发展结合不够紧密，对创新的激励不足，技术创新对行业增长的贡献率还不够高。

2. 改革方向

整体上，能源领域的技术要素市场还没有建立。未来能源领域技术创新还应进一步发挥市场导向作用，以企业为创新主体，以需求为创新指引，发挥市场在科研资源配置中的基础性作用，提高科技成果转化整体效能。

首先，打造创新平台培育前沿技术开发能力。依托重点企业、科研院所和高校开展协同创新，发挥各自优势，联合组建一批“产—学—研—用”一体的技术创新平台，集中攻关一批前景广阔的技术，加速科技创新成果转化应用。

其次，依托示范工程促进先进技术产业化。结合我国能源产业升级需要，大力推动能源技术革命，以绿色低碳为方向，着力推进一批重大技术装备研究和工程示范项目，切实把示范项目作为实现技术自主化和市场竞争力的标杆，带动产业升级。

最后，加强能源技术装备国际交流合作。在能源技术装备领域务实推进国际合作，广泛开展双边或多边的交流，加强与优势国家和地区在高比例可再生能源消纳、高效储能、先进能源材料等领域的合作，促进国外先进能源技术和装备的引进、消化、吸收。

（五）能源领域的数据要素市场培育问题

1. 典型问题

与土地、劳动和资本这些要素不同，数据是在2019年党的十九届四中全会上被列为生产要素的，本次《意见》也把它单独列出来做改革安排。作为无形的生产要素，交易能够让数据增值，但交易的前提是有市场，因此需要加快培育要素市场。《意见》提到的具体方面包括推进政府数据开放共享，提升社会数据资源价值，加强数据资源整合和安全保护等。

由于能源领域是国民经济基础性产业，数据资源整合和市场培育面临的突出问题是数据的保密与安全性之间的矛盾。不像一些其他行业领域中数据呈现分散化特点，交易能够对数据进行大幅度整合，挖掘可以使数据增值，能源领域数据高度集中在少数单位或部门，不同部门之间、管理部门与企业间，数据交互沟通的难度较大，数据资源的所有权、收益权也缺乏明确的规定。

但应该看到的是，能源领域数据的整合和挖掘以及联合研究分析，对于经济社会发展规划研究、产业发展引导、社会治理、城市治理、预测预警、应急防范等方面具有积极意义，能够提高经济社会发展水平，提升政府的社会服务水平。因此，探索如何在保证安全的情况下更高水平利用能源数据是能源产业发展的重要议题。

2. 改革方向

第一，逐步推进能源领域数据开放共享，更大程度体现能源数据在经济发展和社会治理中的价值。开展研究明确能源生产、运行、管理和销售等类型数据的所有权、使用权、采集权、收益权、交易权等权利，区分性质，划定边界，避免公共资源浪费和私利化。

第二，加强数据资源整合和安全保护，处理好数据使用中开放共享与安全保密的关系。探索建立统一规范的数据管理制度，提高数据质量和规范性，运用区块链等先进技术破解数据信息实用与保密间的矛盾。

三、推进能源领域要素市场化配置改革构想

（一）深化能源领域土地、劳动力、资本要素市场化配置改革

推动土地、劳动力、资本等要素的市场化配置，建立推进能源领域要素市场制度建设的工作机制，确保各项重点任务落到实处。加快政府职能转变，打破行政性垄断，大幅减少政府直接配置要素的范围，确保各类所有制企业通过竞争等市场手段平等获取要素。对于新能源项目用地问题给予合理的政策支持，促进部门间土地管理政策融合协调，增强能源发展用地与其他产业用地间的合理流动转换，解决土地要素制约能源转型发展的问题。对于传统能源行业流出的劳动力，要完善失业保险政策，完善促进再就业机制；对于高端人才，畅通流通渠道，打破规则性障碍。对于部分能源企业的融资难问题，积极发挥绿色金融作用，政府可为产业投资提供

一定政策优惠，为符合未来发展方向的能源类企业提供一定担保，促进绿色产业发展；对于资本运营效率偏低的行业，加强政府监管，促进市场机制发挥优胜劣汰作用，倒逼其提升效率。

（二）培育发展能源技术和数据要素市场

培育发展能源技术和数据要素市场，以市场配置要素为导向，提高能源领域技术成果转化，更好发挥能源数据在经济发展和社会治理中的价值。推动技术、数据要素的市场化配置，对于能源领域来说是新的挑战，要加强研究新情况、总结新经验、解决新问题。能源技术创新应以企业为创新主体，以需求为创新指引，打造创新平台培育前沿技术开发能力，依托示范工程促进先进技术产业化。结合我国能源企业发展实际，以绿色低碳为方向，通过技术产业化带动能源企业转型升级。加强能源技术装备国际交流合作，促进国外先进能源技术和装备的引进、消化、吸收。在能源数据市场培育过程中，探索逐步推进能源领域数据开放共享，明确能源生产、运行、管理和销售等类型数据的所有权、使用权、采集权、收益权、交易权等权利，区分性质，划定边界，避免公共资源浪费和私利化。同时应着力加强数据资源整合和安全保护，探索建立统一规范的数据管理制度，提高数据质量和规范性。

（三）以要素市场化配置改革助推能源领域市场化改革

推动要素市场化配置是能源领域市场化改革的重要前提，提升要素市场化配置对能源领域关键环节市场化改革意义重大。只有实现调度要素市场化配置，才有可能实现行业领域真正的、全面的市场化。健全要素市场化配置体制机制，要点在于加快要素价格市场化改革，健全要素市场运行机制，推动要素配置依据市场规则、市场价格、市场竞争实现效益最大化和效率最优化。要素资源的市场化配置，也可以激发企业、行业的活力，使其发展质量和效率得到全面的提升。把推动要素市场化配置的任务落到实处，能够有力推进我国能源领域市场化改革的水平，推动行业发展的质量变革、效率变革、动力变革，对我国能源领域关键环节的市场化改革起到助力作用。

参考文献

[1] 中共中央 国务院关于新时代加快完善社会主义市场经济体制的意见［J］. 中华人民共和国国务院公报，2020（15）：14-22.

[2] 中共中央 国务院关于构建更加完善的要素市场化配置体制机制的意见［J］. 中华人民共和国国务院公报，2020（11）：5-8.

[3] 彭森．构建更加完善的要素市场化配置体制机制是当前改革面临的重大任务［J］. 中国经贸导刊，2020（9）：4-6.

[4] 周丽莎．坚持两个“毫不动摇”完善产权制度和要素市场化配置［N］. 第一财经日报，2018-02-01（A11）.

[5] 中国人民大学“完善要素市场化配置实施路径和政策举措”课题组，陈彦斌，王兆瑞，于泽，夏晓华，宋扬，杨继东．要素市场化配置的共性问题与改革总体思路［J］. 改革，2020（7）：5-16.

[6] 刘翔峰．深化要素市场化配置改革的思路［J］. 中国经贸导刊，2019（14）：53-56.

[7] 刘志成．要素市场化配置的主要障碍与改革对策［J］. 经济纵横，2019（3）：93-101.

[8] 杨成长．推进要素配置市场化是继续深化改革的关键一步［N］. 第一财经日报，2020-04-22（A11）.

[9] 黄奇帆．深化土地要素市场化配置改革 开启中国第三次土改新元年［N］. 第一财经日报，2020-06-01（A10）.

[10] 祝培甜，李树枝，李蕾．我国光伏产业用地供应情况分析［J］.

国土资源情报，2018（6）：35–39.

［11］周波．光伏扶贫产业用地政策思考——以陕西省商洛市为例［J］．中国土地，2017（12）：54–55.

［12］宋晓梧．提高劳动力等要素市场化配置水平［N］．经济日报，2020–04–13（005）.

［13］梁春秋，鲁凤浩．大庆油田的技术转移［J］．石油企业管理，1997（12）：12–15+11.

［14］辜穗，任丽梅，杨雅雯．油气科技绩效评估现状及发展对策［J］．石油科技论坛，2019，38（3）：23–28+38.

［15］王磊．推进数据要素市场化配置：瓶颈制约与思路对策［J］．中国经贸导刊，2019（24）：34–37.

［16］李铁．新型城镇化和城乡融合发展［J］．中国经贸导刊，2020（24）：32–33.

［17］徐诺金．完善金融资本要素市场化配置的改革建议［J］．当代金融家，2020（5）：37–40.

［18］于施洋，王建冬，郭巧敏．我国构建数据新型要素市场体系面临的挑战与对策［J］．电子政务，2020（3）：2–12.

第五章

进一步推进油气行业关键环节市场化改革

当今世界正经历百年未有之大变局，全球油气格局深刻调整，在保障国家能源安全要求下进一步推进油气改革形势紧迫。加快落实党中央、国务院深化石油天然气体制改革决策部署，深刻把握油气行业所处历史方位，以全球化视角，坚持问题导向，还原商品属性，进一步推进油气行业关键环节市场化改革迫在眉睫。在油气勘探开发环节，推进勘查开采市场化建设，将油气上游领域改革从“破除专营限制”推进到“矿权市场建设”阶段。在天然气价格环节，在具备条件地区率先试点建设竞争性市场，尽早形成与国际接轨并被国际接受的市场化价格指数。在石油储备环节，以引入多元主体增加储备规模、发挥储备引导市场预期作用为重点，逐步实现多主体、多层次、多品种储备体系建设。

一、进一步推进油气行业市场化改革的必要性

油气行业是我国能源产业的重要组成部分，对保障国家能源安全、满足生产生活需要、促进经济社会持续健康发展具有重要的意义。当前全球油气格局深刻调整，国内油气保障程度不高、油气生产和使用成本偏高、油气企业大而不优等问题凸显，进一步推进油气行业关键环节市场化改革形势紧迫。

全球能源加速向绿色、低碳转型，加剧了油气行业发展所面临的挑战。绿色能源的快速发展正悄然改变世界能源版图，油气行业发展面临多重挑战：一是油气行业发展面临的碳排放、甲烷排放等绿色环保约束趋严，二是油气行业周期波动性被打破，三是油气生产国推动自身改革。国际油气市场正在重塑，国际格局处于演变关键期。

油气行业既是保障国家能源安全的主要载体，也是关系国民经济发展的重要产业，行业发展面临“保障国家能源安全”与“体现能源商品属性”双重挑战。目前我国是全球第二大油气消费国和第一大油气进口国，约 2/3 的油气资源依赖进口，油气安全是能源安全的核心。百年未有之大变局下，新冠肺炎疫情进一步加速国际政治经济格局调整，国际大环境不稳定性凸显，同时美国凭借“页岩革命”加大对全球油气供应的扰动和控制，围绕油气生产、输运通道、市场价格的博弈日趋激烈。

我国在国际油气市场的影响力和话语权亟须进一步提升。不同于电

力、煤炭等行业，油气行业具有显著的国内和国际市场一体化属性，我国石油、天然气消费将持续增长，巨大油气市场的影响力亟待发挥。2019 年我国原油进口量超过 5 亿吨，贡献了全球石油需求增长的 60%；消费量约占全球总量的 14%。但我国在国际石油市场上的重要地位却未转化为与之相应的软实力和话语权。这既受全球能源变革、美国能源独立等外部因素影响，也与我国石油行业自身存在的问题有关。

我国加快推进能源领域市场化改革，油气行业面临提效降本巨大压力，同时能源高质量发展、建设现代能源体系对油气行业发展提出迫切要求。建设现代能源体系，石油行业必须走全方位可持续发展道路。

二、我国油气行业市场化改革历程与当前进展

（一）我国油气行业发展与市场化改革历程：不断适应行业发展形势与需求

中国近代石油工业极为落后，被公认为“贫油国”。新中国成立后，面对国际封锁和国内发展需求，石油工业从实际国情出发，实行高度集中的计划管理体制，通过“石油大会战”模式、发挥“集中力量办大事”的体制优势，实现石油工业快速发展。1959 年我国开始开发建设大庆油田，1963 年全国原油产量达到 648 万吨，实现石油产品基本自给，一举实现了中国石油工业的历史性转折。

改革开放以来油气行业历经多轮改革，从国有企业改革和油气行业市场化改革两方面同步推进。沿着由计划向市场，由垄断向竞争的市场化改革路线，在行业管理、企业改革、市场体系建设等方面不断进行改革探索。

整体上，我国油气体制改革以不断适应行业发展形势与需求为原则，可划分为四个阶段，见表 5-1。

表 5-1　改革开放以来我国油气行业发展和改革进程阶段划分

时间	阶段特征
1978—1988 年	实行政企分开，扩大企业自主权，“引进来”促进开发
1988—1998 年	转换企业经营机制，打破流通双轨制，实施“走出去”战略
1998—2012 年	石油石化产业重组，建立多元主体的市场结构，天然气市场快速发展
2012 年以来	油气行业改革进入市场化导向改革全面推进阶段

党的十八大以来按照“放开两头+管住中间”推进油气体制改革，强调体现能源商品属性的同时突出保障国家能源安全目标。2012 年以来，新一轮石油天然气行业体制机制改革工作逐步展开，特别是 2017 年 5 月 21 日党中央、国务院印发《关于深化石油天然气体制改革的若干意见》，标志着油气行业改革进入市场化导向改革全面推进阶段。

本轮改革目标明确，提出采用“打破行政垄断、管住自然垄断、放开竞争环节”的方式，构建公平开放的油气市场新格局。

改革内容比较完整，有别于以往出台的政策和改革方案，没有纠缠于解决某一环节或某一事项，而是部署了涵盖整个油气产业链的八项改革重点，达到提升六种能力（资源接续保障能力、国际国内资源利用能力和市场风险防范能力、集约输送和公平服务能力、优质油气产品生产供应能力、油气战略安全保供能力、全产业链安全清洁运营能力），并释放两个活力（竞争性环节市场活力和骨干油气企业内部活力）的改革目标，体现了油气体制改革由增量到存量、由部分到整体的系统性变革思路。

该意见给出了“体现能源商品属性”和“保障国家能源安全”两个改革原则，明确提出“坚持底线思维，保障国家能源安全”，突出了油气重要的地位，说明新时期油气体制改革仍要以保障国家能源安全为首要目标。

（二）新一轮石油天然气行业体制机制改革取得阶段性进展

针对石油天然气体制存在的深层次矛盾和问题，着力深化油气勘查开采、进出口管理、管网运营、生产加工、产品定价体制改革和国有油气企业改革，国家石油天然气管网集团有限公司（以下简称国家管网公司）成立、推行矿业权竞争性出让、进一步对外商外资开放、放开原油进口权限、油气市场化定价等关键举措相继落地，石油天然气体制机制改革深入推进。

1. 推进油气管网体制改革，实现管道独立

实施油气管网运营机制改革，是推动形成上游油气资源多主体多渠道供应、中间统一管网高效集输、下游销售市场充分竞争的“X+1+X”油气市场体系的关键所在。为推进油气管网运营机制改革，实现管输和销售分开，2019 年 3 月，中央全面深化改革委员会第七次会议审议通过了《石油天然气管网运营机制改革实施意见》，明确要求组建国有资本控股、投资主体多元化的石油天然气管网公司。同年 5 月，《油气管网设施公平开放监督办法》正式出台，明确了公平开放的制度基础、基本原则、解决方案和监管措施，提出鼓励和支持油气管网设施互联互通和公平接入，逐步实现油气资源在不同管网设施间的灵活调配。12 月 9 日，国家管网公司正式成立，油气体制改革取得突破性进展。

2. 深化油气勘查开采管理体制改革，推行矿业权竞争性出让

为推进油气矿业权管理体制改革，国土资源部继 2011 年、2012 年，组织了两轮全国页岩气探矿权招标出让，迈出了油气上游市场化改革第一步后，又分别于 2015 年、2017 年，在新疆维吾尔自治区进行了两轮常规油气区块公开招标和挂牌、贵州正安页岩气区块探矿权拍卖、山西煤层气勘查区块招标出让等试点，允许包括民营企业在内的社会资本涉足油气勘查开采领域，开展了放开油气勘探开发主体准入限制的试验。2019 年 12 月，自然资源部印发《关于推进矿产资源管理改革若干事项的意见（试行）》，明确了在全国范围内探索开展油气探矿权竞争出让试点，全面开

放油气勘探开发市场。

3. 进一步对外商外资开放

为了促进更高水平的对外开放，积极吸引外商投资，2019 年 3 月，全国人大通过了《中华人民共和国外商投资法》，明确了对外商投资实行准入前国民待遇加负面清单的管理制度。2018 年 6 月，国家发展改革委、商务部联合发布了《外商投资准入特别管理措施（负面清单）》，取消外资连锁加油站超过 30 家需中方控股的限制，2019 年 6 月又取消了油气上游勘探开发以及城市燃气领域外资进入限制，这是与油气行业相关的最后两项限制性规定，标志着我国油气行业全面对外开放。

4. 完善油气进出口管理体制，放开原油进口权限

为保障油气供应和提升市场风险防范能力，2015 年，国家向地方炼厂放开了原油进口权和原油进口使用权。2018 年 3 月，商务部发布《浙江自贸试验区企业申请原油非国营贸易进口资格条件和程序》，非国营贸易企业第一次获得原油进口权，改善了具备原油进口资质企业的结构。2019 年，原油非国营贸易进口允许量为 2.02 亿吨，占当年原油进口总量的 40%。

5. 加快油气价格定价机制改革

2013 年国家发展改革委发布了《关于进一步完善成品油价格形成机制的通知》，缩短了调价周期，并取消上下 4%的幅度限制；2016 年进一步完善成品油价格机制，设置了调控下限和油价调控风险准备金；2020 年，国家发展改革委发布最新版《中央定价目录》，提出成品油价格暂按现行价格形成机制，将视体制改革进程全面放开由市场形成。2013 年放开页岩气、煤层气、煤制气等非常规天然气价格；2014 年放开液化天然气气源价格；2015 年放开除化肥企业外的直供用户用气价格；2016 年，先后放开化肥用气价格，明确储气设施相关价格由市场决定，并在福建省开展门站价

格市场化改革试点。2015 年和 2017 年，分别在上海和重庆建立两个国家级石油天然气交易中心；2017 年，明确所有进入交易平台公开交易的气量价格由市场交易形成。之后的《中央定价目录》将“天然气门站价格”由目录移出至附注，并提出“具备竞争条件省份天然气的门站价格，由市场形成”。

6. 推进天然气产供储销体系建设，提升储备能力

2018 年，国家发展改革委、国家能源局联合出台《关于加快储气设施建设和完善储气调峰辅助服务市场机制的意见》，加快补足储气能力短板，明确了“地方政府 3 天日均用气量、城燃企业年用气量 5%、供气企业年销售量 10%”的储气指标要求。同时，报请国务院出台了《关于促进天然气协调稳定发展的若干意见》，系统提出促进天然气协调稳定发展的政策措施。2020 年国家发展改革委印发《关于加快推进天然气储备能力建设的实施意见》，进一步聚焦解决储气能力建设和运营中统筹规划不足、行业标准不够完善、储气价值没有充分体现等瓶颈问题。

三、全球主要国家油气行业市场化改革与监管模式

（一）全球主要国家油气行业市场化改革的重点措施

1. 注重上游的矿业权管理与竞争交易

矿业权、区块招投标是油气资源管理的核心内容。世界油气主产国都将油气资源矿业权管理作为油气上游领域政府管理的重要内容，其中以矿业权取得和流转为核心，区块招投标为主要方式。以美国为例，在美国联邦所有的土地上进行探矿、采矿活动都需要进行申请和登记。矿业权的取得普遍实行许可证制度。通过普遍实行油气资源有偿使用制度，产权制度明晰，油气资源资产化得到落实。矿权交易方面，美国的矿权交易市场非常活跃，企业可以采取公开竞价的方式获得联邦政府的矿权，可以通过招

标方式获取各州矿权。私人矿权的交易则更加自由，私人可以选择出让自己所有土地的地表权和（或）地下矿权，也可以选择出让地下的某一层系（类别）矿产。租地人只要和私人就定金、地租、矿费问题谈判达成一致，就可以取得矿权和（或）地表权，这一过程不受政府干预，定金的数额，地租、矿费的比例都是双方协商确定。

2. 拆分垄断环节和竞争环节

基础设施运营与竞争环节的分离是美国和欧洲油气市场化改革中的重要一步。在欧洲的天然气改革中，欧盟将其表述为“所有权拆分是最有效的工具，通过这种工具，可以非歧视性的方式促进对基础设施的投资，公平地让新市场主体进入管网，并提高市场透明度”。垄断环节与竞争环节的分离会催生出一个新的名为“托运商”的市场角色。托运商由监管机构确认资质并且进行监管。

3. 建立容量分配和调度管理办法

容量分配机制（CAM）定义了一级容量市场的规则。管道容量拍卖是欧盟一项强有力的政策工具，欧盟开发了一个名为 PRISMA 的平台专门进行管理，该平台为所有市场主体及监管机构提供了高水平的透明度。制定调度管理办法（CMP），在欧美，天然气的调度权都由管网公司实行。“非用即失”（Use It or Lose It，UIOLI）机制的实施能够促进释放未使用的能量并避免产生混乱，从而防止由此导致的平衡问题和/或对价格有影响的投机行为。

4. 制定合理的管输费

在美国，管道一般被分为几个区域，管输费是一个区域运往另一个区域的费用（距离法）。在欧盟，管网企业的收入采用成本分配法，根据所有输入、输出点的情况制定，采用单一价格（邮票法）。

5. 发挥监管的重要作用

无论是美国还是欧洲，在推进天然气市场化过程中，政府都是市场变化背后的主要推动力，天然气市场化的进程在很大程度上也取决于执行力，独立的监管机构在这一过程中的作用至关重要，同时，监管机构一定要有足够的执行权。监管手段的升级、监管能力的提高有助于维护市场规则、提升市场透明度。例如，欧洲天然气市场的上游价格完全放开，但对管道运输、储气和配气等环节，各国都进行了严格的价格和利润率监管。美国对天然气价格的管制经历了从不管制到控制井口价格再到完全放开三个发展阶段，灵活的天然气价格机制是保障天然气稳定供应的重要因素。

6. 实施市场化改革的过渡期管理

无论是美国还是英国，从垄断的上下游一体化向市场化的转型都曾面临诸多困难，并且付出了巨大代价。管理好市场转型阶段的过渡期对改革的成败至关重要。一个问题是如何处理长期双边合同。实施市场化改革中，历史上签订的高价合同很有可能变成某种程度的负担。英国的解决办法是对此类长期合同进行适当补偿和重新谈判。美国则允许管道公司通过多年使用“过渡账户”将高达75%的过渡成本转嫁给生产商、配气商和大用户等其他环节。另一个问题是价格放松管制过程，形成有效的市场价格，需要一个过程，不可能一蹴而就，更不可能一放了之。美国 Henry Hub 和英国 NBP 等天然气交易中心都花费了十多年的时间才发展出足够的流动性，从而形成有效的市场价格信号。当然，其他国家可发挥后发优势，通过借鉴其他成熟市场的经验加快这一进程，比如荷兰 TTF 的迅速成功就是典型案例。

（二）全球主要国家对油气行业实施监管的方式

1. 监管职责与内容

油气行业上游监管机构的职能主要包括：收取签约费或者招标出租矿产权；进行租约管理；批准或拒绝从勘探到放弃区块的所有活动。油气行业下游监管机构的职能主要包括：对自然垄断领域进行价格、准入条款和服务质量的监管，以及对管道和配售系统的运营进行技术监管。西方国家油气监管坚持“依法监管、独立监管、程序化监管、透明监管”的原则，油气监管的主要内容包括许可证管理、健康安全环境监管、环境保护监管、市场准入、价格监管等。欧洲天然气市场的上游价格完全放开，但对管道运输、储气和配气等环节，各国都进行了严格的价格和利润率监管。

2. 监管模式

一是专业化的独立监管模式。欧美国家普遍遵循现代监管理论所倡导的政策制定和执行相分离的原则，建立专门的、独立的石油天然气监管机构。石油天然气行业的政策法令由政府部门制定，监管部门负责具体实施，对执行情况进行监管、协调和仲裁。以北美地区为例，加拿大、美国政府都设有能源主管部门和能源监管机构，加拿大能源主管部门为自然资源部，自然资源部所属的国家能源委员会是加拿大联邦政府的能源监管机构，主要负责加拿大联邦政府职责范围内的石油、天然气、电力行业的监管，其具有独立的决策和行使监管的权力。它的主要职能包括市场准入许可和收费、市场分析和咨询、制定能源监管的政策目标和具体的监管政策等三个方面。与加拿大能源监管略有不同的是，美国能源主管部门除能源部外，联邦内政部下属的矿产管理局及联邦环保署、劳工部、运输部等其他政府部门也负有部分油气资源管理的职责。能源部所属联邦能源监管委员会是一个独立的能源监管机构，在石油天然气领域，监管委员会主要监管管道输油公司的运营和费率，审批跨州天然气管道输送项目，天然气管输价格、管道服务和开放，液化天然气接收站的建设和运行等。此外，监管委员会还就监管事务进行听证和争议处理等。

二是国家和地方分级监管。在西方的联邦制国家，“地方事务”属地方政府管辖，所以各级油气监管机构为数较多。根据能源资源的所有权的不同，加拿大实行能源分级监管。在联邦，由国家能源委员会负责能源监管工作。各省也设有各自的能源监管机构，负责本省的能源监管。国家能源委员会和各省的能源监管机构之间不具有上下级领导关系，各自都享有独立的最终裁判权。

三是上下游分段管理。以美国、加拿大等国家为代表的油气行业监管实行的是上下游分段管理的体制。

3. 北美模式——自由市场与调控相结合

美国对油气行业的宏观调控主要体现在两个方面：一是国家能源战略、能源政策的制定；二是国家对油气行业财税政策的制定，例如20世纪80年代美国页岩气的发展，一定程度上得益于财政补贴优惠政策。美国的这种自由市场经济模式下的宏观调控，更多地通过市场机制配置资源，通过宏观调控引导方向，将“看不见的手”与“看得见的手”相结合，有效地保证油气市场在正确方向上迅速发展。此外，美加在油气行业重点环节有针对性的举措。在资源开发领域，加拿大、美国两国政府对于石油、天然气等关乎国计民生的资源开发领域，始终推行普遍竞争、防止垄断与适度行政管理控制相结合的政策。在管道运输和销售、配送领域，美国和加拿大两国政府对于石油天然气管网规制的共同目标，即确保管网的开放，在有运输容量的前提下，允许一切需要管输服务的企业进入管网，在运输容量有限而要求提供运输服务的企业过多时，采取按比例分配的办法；防止管道经营者滥用自然垄断的市场优势地位操纵收费价格和限制管网使用者公平进入管道。

（三）国际油气公司转型与市场化发展趋势

在全球能源转型和国际油气市场环境变化的大背景下，欧美大石油公司注重追求业务多元化。虽然上游油气仍是国际石油公司最核心的业务，但绿色低碳已是其重要的战略方向，并致力于从传统化石能源供应商向低碳能源供应商转型。具体而言，壳牌、道达尔、英国石油（BP）的战略发展上倾向于“大能源”模式，即拓展能源领域，提供包括油气在内，覆盖天然气发电和可再生能源投资，以及为电动出行服务、布局储能等多元化的综合能源领域。特别是壳牌、道达尔、BP 不断加大向低碳领域的渗透力度，在交通出行领域进行前瞻性布局，谋求业务多元化。虽然埃克森美孚、雪佛龙相对固守油气业务，坚定贯彻基于石油和天然气的“大油气”模式，对风能、太阳能等可再生能源领域的投资和布局相对谨慎，但其也力推实行以油气核心业务为主的衍生低碳战略，如以提高效率为主，减少石油和天然气的排放量，雪佛龙正将可再生能源作为潜在的投资领域。此外，作为全球石油巨头，沙特阿美（Saudi Aramco）除了在石油化工领域开展投资并购、延伸产业链外，也释放出向低碳能源尝试的信号。总体上，国际油气公司向低碳转型和谋求市场化多元发展乃大势所趋，只是当前其多元化转型的步伐和绿色低碳发展的力度不同而已（见表 5-2）。

表 5-2　国际大石油公司低碳业务动向

低碳业务	BP	雪佛龙	埃克森美孚	壳牌	道达尔
减少直接排放	●	●	●	●	●
提高天然气和 LNG 占比	●	●	●	●	●
太阳能	●	◇		●	●
风能	●	◇		●	●
生物燃料	●	◇	◇	●	●
地热		◇			
水力发电					●
电力输配				●	●
电池与充电装置	●			●	●
碳捕捉、采集与储存	◇	●	●	●	◇

注：“●”代表现阶段发展业务；“◇”代表正在研究或潜在投资业务。

资料来源：作者绘制。

四、进一步推进油气行业关键环节市场化改革的主要思路

认真贯彻落实习近平总书记“四个革命、一个合作”能源安全新战

略，落实党中央、国务院深化石油天然气体制改革决策部署，深刻把握油气行业所处历史方位，以全球化视角，坚持问题导向，还原商品属性，进一步推进能源领域关键环节市场化改革，切实保障国家能源供应安全。分段进一步推进油气行业市场化改革，应遵循以下主要原则：一是扩大市场开放和市场准入，加快引入多元化市场主体；二是完善市场结构体系，重点是建立健全矿权交易市场、基础设施容量市场等；三是完善市场规则，重点是基础设施运营规则、投融资机制等；四是推进形成透明可预测的价格形成机制；五是强化政府监管，适应多元主体的市场环境。

在油气勘探开发环节，推进勘探开发市场化建设，盘活油气探明储量，将油气上游领域改革从“破除专营限制”推进到“矿权市场建设”阶段，释放改革红利，引入多元主体带动油气高效“上产”。

在油气管网环节，以完善市场规则体系建设为抓手推进管网改革落地，重点包括以容量费预付款等方式创新管网投融资机制，以公平开放为目标建立健全管道服务与容量管理模式，以“准许成本+合理收益”为原则完善管输价格机制。

在油气价格环节，天然气方面，在气源多、基础设施较为完善、配套条件好的省份率先试点建设竞争性市场，尽早形成与国际接轨并被国际接受的市场化价格指数。成品油方面，以油价调控风险准备金征管改革为抓手完善成品油“地板价”机制，合理调整“天花板价”和“地板价”的区间。

在石油储备环节，以明确“分层功能”，实现不同状态下储备功能为核心，以引入多元主体增加储备规模、发挥储备引导市场预期作用为重点，逐步实现多主体、多层次、多品种储备，将石油领域市场化改革向纵深推进。

参考资料

［1］陈蕊，孙文宇，吴珉颉．国家管网公司成立对中国天然气市场竞争格局的影响［J］．天然气工业，2020，40（3）：137-145.

［2］王越．以全球视角分析新冠疫情对我国石油行业的影响［J］．中外能源，2020，25（03）：1-5.

［3］张颙，董邦国．中国天然气市场改革任重道远但成效可期［J］．国际石油经济，2020，28（2）：15-22.

［4］陈嘉茹，燕菲，陈建荣，等．油气全产业链开放进入新时期——2019年中国油气政策综述［J］．国际石油经济，2020，28（2）：55-60.

［5］唐国强，徐东，付迪，等．新形势下中国油气勘探开发监管体系的构建［J］．天然气工业，2020，40（1）：141-151.

［6］王世虎．石油天然气体制改革背景下中国油气探矿权退出机制研究［J］．国际石油经济，2019，27（12）：15-21+36.

［7］汪海波．深化电力、石油和金融体制改革的新进展［J］．中国经济报告，2019（5）：27-41.

［8］杨晓锋．改革与法治视域下的中国油气工业发展与转型［J］．华北电力大学学报（社会科学版），2019（5）：74-83.

［9］李红娟．深化垄断行业国企改革　破除油气体制改革梗阻［J］．中国经贸导刊，2019（17）：40-43.

［10］李秋扬，赵明华，任学军，等．中国油气管道建设现状及发展趋势［J］．油气田地面工程，2019，38（S1）：14-17.

［11］白俊，张雄君．对于组建国家油气管网公司的思考及建议［J］．天然气工业，2019，39（7）：127-132.

［12］陈嘉茹．2019年版外商投资准入负面清单对中国油气行业的影

响［J］. 国际石油经济，2019，27（7）：57-62.

［13］于洋. 中国油气，开门揖客［J］. 中国石油石化，2019（14）：20-21.

［14］唐国强，徐东，张宝生. 国有大型油气企业矿权流转机制及建议［J］. 天然气工业，2019，39（6）：147-155.

［15］王宁. 德国能源转型的经济分析及启示［D］. 长春：吉林大学，2019.

［16］戴瑞祥，刘玉娟，翟大海，等. 中油国际公司组织变革探索［J］. 国际石油经济，2019，27（5）：72-78.

［17］王桂红. 石油企业如何以经济效益为中心［J］. 中外企业家，2019（11）：17.

［18］陈嘉茹，陈建荣，燕菲. 中国油气行业改革深入推进——2018年中国油气政策综述［J］. 国际石油经济，2019，27（2）：84-90.

［19］余皎，罗佐县，马莉. 改革开放40周年石油石化行业回顾与展望［J］. 当代石油石化，2019，27（2）：1-9.

［20］孙伟善，任旸，张同飞. 春蚕吐丝 破茧成蝶——改革开放40年，我国油气产业的变革与发展（上篇）［J］. 中国石油和化工经济分析，2019（2）：51-54.

［21］潘继平. 油气进口量创纪录凸显能源安全问题 油企加大国内油气勘探开发力度［J］. 国际石油经济，2019，27（1）：23-24.

［22］王浩. 行政组织法视野下能源监管体制改革研究［J］. 西南石油大学学报（社会科学版），2019，21（1）：1-7.

［23］张抗，刘恩然. 改革开放：石油工业上游发展回顾和展望［J］. 中外能源，2019，24（1）：3-8.

［24］朱彤. 中国能源工业七十年回顾与展望［J］. 中国经济学人，2019，14（1）：34-65.

［25］邓津林．大型石油企业物资供应体制机制改革探索与实践［J］．经济师，2019（1）：280-281.

［26］陈正惠，马昌峰，程民贵，等．中国天然气管网管理体制改革之管见——“管道+调控中心”模式［J］．国际石油经济，2018，26（12）：1-11.

［27］石冠儒．精细化助力企业转型发展——以胜利石油管理局胜北管理中心为例［J］．企业管理，2018（12）：70-71.

［28］王倩倩．中国石化35年改革发展纪实（1983—2018）［C］//中国企业改革与发展研究会．中国企业改革发展优秀成果2018（第二届）上卷．北京：中国经济出版社，2018：307-320.

［29］朱和．改革开放成就中国炼化工业沧桑巨变——中国炼化工业改革开放40年回顾［J］．国际石油经济，2018，26（11）：1-9+24.

［30］高振宇，周颖．天然气市场发展阶段性认识及中国市场前瞻［J］．国际石油经济，2018，26（10）：69-76.

［31］李月清．从“国家本位论”到“企业本位论”［J］．中国石油企业，2018（10）：39-40.

［32］刘思妤．供给侧改革视阈下的天然气产业政府规制问题研究［D］．沈阳：辽宁大学，2018.

［33］陈兴华，柳第．能源替代监管体制改革框架建议——以“石油领域反垄断第一案”为视角［J］．政府管制评论，2017（2）：79-96.

［34］陆江源．经济结构的要素配置效率研究［D］．北京：中国社会科学院大学，2018.

［35］刘小丽．党的十八大以来我国石油天然气行业改革回顾与评价［J］．中国能源，2018，40（2）：6-9+35.

［36］徐东，唐国强，晏飞，等．油气矿业权系列改革对国有大型石油企业的影响探析［J］．中国矿业，2018，27（2）：25-31.

[37] 徐东．“深化石油天然气体制改革意见”出台　石油企业全面贯彻深入推进[J]．国际石油经济，2018，26（1）：22-24.

[38] 毛家义．中国天然气管输价格管理体制与定价机制的历史演进[J]．国际石油经济，2017，25（12）：31-37+45.

[39] 张一鸣．油气体制改革应重点突破、稳妥推进[N]．中国经济时报，2017-12-06（001）.

[40] 张玉清．中国油气体制改革方向和要解决的问题[J]．中国石油和化工，2017（12）：21-23.

[41] 张卫忠．油气体制改革助推企业转型升级[N]．中国石油报，2017-11-28（002）.

[42] 孟雁北．政府与市场关系重塑中的我国垄断行业改革问题研究[J]．中德法学论坛，2017（1）：3-12.

[43] 刘应红，徐东，唐国强．油气市场准入改革对国有大型石油石化企业的影响——对《深化石油天然气体制改革的若干意见》的解读[J]．天然气工业，2017，37（7）：115-120.

第六章

进一步推进电力行业关键环节市场化改革

伴随终端用能电气化水平的快速提升，电力行业市场化改革已成为我国能源领域市场化改革的重中之重，本章首先分析了深化电力行业市场化改革的必要性，回顾了我国电力行业市场化改革的历史和国际电力市场化改革的经验与启示；其次总结了当前我国电力行业市场化改革面临的问题，分析了问题背后电网垄断、市场建设、政府职能等多方面深层次原因；最后提出了下一步我国电力行业市场化改革的目标和思路，研究了深化电力行业市场化改革的主要任务，给出了进一步推进我国电力行业竞争性环节市场化改革的政策建议。

作为全球使用最普遍的二次能源，电力与煤炭、石油、天然气等一次能源相比具有一系列优势：从能源承载能力看，电力能量密度大、热效率高；从能源输送能力看，电力可低成本地实现几千公里距离的远程输送，运输过程损失少，输送过程占地面积较小；从终端利用形式看，电力使用过程没有污染物和温室气体的直接排放，使用方便、易转换成其他形式的能量，安全性高，能满足不同设备工艺要求，能实现机械设备的精密控制。由于具备独到的特点，所以电力在与其他能源品种的竞争中逐渐占据优势地位，越来越多的一次能源被转换为电力加以使用，电力成为人类历史上开发并普及最广的二次能源。

电力行业市场化改革是我国能源领域市场化改革的重中之重，这是由电力在国民经济和社会发展中的基础性地位决定的，也是电力在我国能源领域市场化改革中的巨大潜力和潜在影响力所决定的。改革开放以来，我国电力行业在发展中逐步引进越来越多的市场主体，电力行业市场化改革稳步推进，并取得了一定的积极效果。但时至今日，我国电力行业市场化改革仍存在不少瓶颈，与“还能源以商品属性”的要求还存在较大差距。

一、进一步推进电力行业市场化改革势在必行

电力是与国民经济和人民生活水平紧密相关的支柱行业。保障电力充足可靠供应，是电力行业发展的重要任务。以电力为中心的能源转型，将带动可再生能源、储能、电动汽车、高效用电设备等绿色低碳产业加快发

展，推动上下游一系列产业加快转型升级，为国民经济发展带来新的增长点。作为优质高效的能源，电力产生的经济价值相当于等当量煤炭的17.3倍、当量石油的3.2倍，是对高附加值产业带动性最高，对新产业拉动性效果最强的能源品种。

（一）市场化改革环节尚存“模糊地带”

虽然2015年发布的《中共中央　国务院关于进一步深化电力体制改革的若干意见》（中发〔2015〕9号）及其配套文件明确了我国电力体制改革“管住中间、放开两头”的核心思想，也提出了“三放开、一独立、三强化”的重点任务，但一些关键问题尚未涉及，特别是电力体制改革核心环节的电网相关改革被严重弱化，理应作为此次电力体制改革敲门砖的电网改革却成了“灰色地带”。当下我国电网领域已形成了集自然垄断和行政垄断于一身的超级垄断业态，超级垄断的电网使得“放开两端”难以获得正常的经营环境与发展空间。另外此轮改革依然缺乏对于垄断环节的有效监管，在此基础上核算的输配电价很容易沦为摆设和点缀。习近平总书记在中央财经领导小组会议上明确指出，我国现行能源体制问题的突出表现就是市场结构不合理、垄断经营、网运不分、主辅不分、限制竞争，因此打破电网垄断已成为进一步推进我国电力行业市场化改革的首要任务，也是真正实现“放开两头”的关键。

（二）部分核心改革任务进展缓慢

2015年《中共中央　国务院关于进一步深化电力体制改革的若干意见》启动新一轮电力体制改革以来，增量配电网改革就成为我国电力体制改革的重要“突破口”，但试点至今进展总体缓慢，据《增量配电业务改革第一批试点项目进展情况的通报》《增量配电业务改革试点项目进展情况通报（第二期）》披露，一些地区配售电业务向社会资本放开的要求未得到有效落实，一些试点项目在供电区域划分、接入系统等环节受到电网企业阻挠，迟迟难以落地。这既在于地方不积极，改革推进力度不够，缺乏对于配售业务的合理定位和业务划分；也在于“管住中间”缺乏有效手段实现对输配电环节的管制，电网企业对于参与增量配电改革缺乏具体、可操作的政策，比如资产如何重组、存量资产如何参与增量配电改革等。另外试点省电力现货市场虽然运行情况总体良好，但与现货相关的辅助服务、容量成本等市场推进缓慢，造成现货电价出现了“价格倒挂”现象，扭曲了市场。

（三）市场化改革内容需按照电力发展新形势加以调整

当前我国电力行业市场环境已经发生了较为显著的变化，出现了一系列新形势和新情况，是上两轮电力体制改革中都未曾遇到的，这给电力行业市场化改革带来了新内涵。随着风、光逐步平价上网，新能源参与电力市场已成必然，但当前除全额保障性收购方式外，各省新能源参与电力现货市场的方式尚缺乏统一模式，例如甘肃采用“报量报价”方式，山西采用“报量不报价”方式；同时新能源的迅猛发展、夏季用电负荷不断攀升也迫切需要通过市场化交易机制，充分调动火电、大用户、电动汽车、分布式储能、电制氢等调峰调频资源的潜力，为电力系统安全稳定运行和电力可靠供应提供保障。此外，我国部分地区单一发电集团的市场份额占比过高，要防范发生地区、负荷高峰时段等特殊情况下发电企业的市场阻力，需要事前、事中和事后全程在监管和规则设计上采取有效的措施，防止影响市场公平竞争，推高市场价格。

（四）照搬国际经验难以满足我国电力发展的新需要

世界各国都在探索适合本国国情的电力体制改革模式，前两轮电力体制改革我国更多的是模仿欧美等国电力市场化的成功经验，随着我国能源生产和消费革命的推进，清洁低碳、安全高效现代能源体系建设已成为我国能源发展重任，其中电力是未来能源发展和能源科技变革的核心，发展风、光等可再生能源又是关系我国能源可持续发展的关键。我国将跨越欧美所经历过的油气时代，直接进入电气时代，这是世界其他国家所未曾有过的经历，也没有现成的经验可以借鉴，这就要求推进我国电力行业市场化改革必须符合中国国情，走出一条有中国特色的电力市场化建设道路。

二、我国电力行业市场化改革历史回顾

中华人民共和国成立之初，建立了高度集中的计划经济体制，电力长期处于垂直一体化经营。改革开放以来，随着社会主义市场经济体制逐步建立，我国电力行业市场化改革可以分为三个阶段：第一个阶段为1978—2001年，是电力行业市场化改革的初步探索期；第二个阶段为2002—2012年，是电力行业市场化改革的徘徊往复期；第三个阶段为2013年至今，是电力行业市场化改革的砥砺奋进期。

（一）电力市场化改革的初步探索期（1978—2001年）

改革开放初期，我国经济社会发展面临人民日益增长的物质文化需要同落后的社会生产力之间的主要矛盾。为了满足电力需求的快速增长，我国改变了单纯依靠中央财政资金发展电力的计划经济思路，积极引入民营资本和外资办电，提出了“政企分开、省为实体、联合电网、统一调度、集资办电”的“二十字方针”和“因地因网制宜”的电力改革与发展方针，形成了“电厂大家办，电网国家管”的发展格局。这一市场化改革使我国长期缺电的局面得到基本缓解，电网有效覆盖了全国全部城市和大部分农村电网，电力服务水平持续提高。然而，这个时期电力体制改革依然存在政企不分、结构失衡、发展粗放、农电薄弱等问题，特别是在大范围优化配置电力资源、打破垄断、引入竞争、充分发挥市场作用等方面尚存在较大缺失。

（二）电力市场化改革的徘徊往复期（2002—2012年）

这一阶段，我国计划经济体制已经被社会主义市场经济体制所取代。

面对当时部分地区季节性、时段性电力供应紧张局面，2002 年国务院下发了《电力体制改革方案》（国发〔2002〕5 号），提出了“厂网分开、主辅分离、输配分开、竞价上网”的十六字方针，规划了我国电力体制改革整体路径，形成了电网与发电纵向竞争的基本格局，缓解了局部地区的缺电局面。然而，厂网分开后发电侧横向竞争并不充分，甚至局部依然存在区域垄断，主辅分离并没有得到严格监管，电网公司通过收购许继集团、平高集团再次拥有装备制造企业，输配分开遥遥无期，电网垄断不断加强，输配电价尚不透明，销售电价也未与上网电价实现联动。

（三）电力市场化改革的砥砺奋进期（2013 年至今）

党的十八大以来，我国社会的主要矛盾已经转变为人民日益增长的美好生活需要和不平衡不充分的发展之间的矛盾，党中央提出了统筹推进政治建设、经济建设、文化建设、社会建设、生态文明建设“五位一体”的新要求，确立了创新、协调、绿色、开放、共享的新发展理念。为了推动经济社会高质量发展，加快能源生产和消费革命，2015 年发布《中共中央 国务院关于进一步深化电力体制改革的若干意见》，启动以“管住中间、放开两头”为指导思想，以“三放开、一独立、三强化”为重点任务的新一轮电力体制改革。这一轮电力体制改革推动了电价降低，市场化交易持续扩大，市场建设成效初显，输配电价改革实现全覆盖，市场主体参与意识逐步增强，综合能源服务、储能等新业态不断涌现。然而，电网企业依然借助自然垄断地位不断扩张市场控制力，形成了目前电网企业在电力市场中“一家独大”的强势地位，输配分开依然没有获得实质推进；增量配电业务“雷声大、雨点小”，民营售电公司在热潮退去后大多业务寥寥，处于艰难求生或自生自灭的状态；为了解决煤电经营困难等局部问题，大力推动煤电资源整合等的逆市场化行为也依然存在。此外，政府有关政策、管理缺失和监管不到位，也使得电网行政垄断不但没有削弱，反而还有所加强，严重阻碍了“放开两头”发、售市场化改革的推进。

三、国际电力行业市场化改革的经验与启示

20 世纪 80 年代末 90 年代初，随着世界经济的繁荣，以英国、西班牙、葡萄牙、智利、新西兰和韩国为代表的世界主要国家开始了电力行业市场化改革，希望通过引入市场竞争，减少政府直接干预，让市场在电力生产、输送和使用过程中发挥更大的优化资源配置作用，进一步促进生产力的发展。从国际经验上来看，电力行业的市场化改革并没有统一的模式可以照搬，各国都在探索适合本国国情的改革道路，在不断的尝试中推进。从各国电力行业市场化改革的历史看，电力行业市场化改革大多有以下四个方面的特点。

（一）打破发电、输电、配电、售电一体化，依靠市场配置电力资源

20 世纪 90 年代末至今，英国、德国、意大利、西班牙、葡萄牙等国厂网分开、输配分离、配售分离等垂直分离改革获得巨大进展，逐步建立起了自由程度较高的电力市场，成功地实现了基于市场化的电力资源配置方式，其中打破发电、输电、配电、售电一体化垄断经营的格局，是各国电力市场化改革的主要内容。主要国家的电力改革中，输电环节、配电环节的分离进展比较快，OECD（经济合作与发展组织）国家中西班牙等国家已经完成了彻底的产权分离，成立了独立输电公司。发电环节的分离进展相对较慢，但半数以上 OECD 国家都进行了不同程度的改革，发电环节逐步独立。售电环节和电力进口环节的分离进展比较滞后，大多数国家都处于垄断状态。同时，一些国家的电力行业市场化改革也面临“逆市场化”思潮，希腊等部分国家出现了实现分离后，又重新回到一体化垄断的状态。

（二）建立适应发、用电特性的市场规则，推动各类主体公平竞争

各国都在构建适合本国发、用电特性的市场机制，特别是 21 世纪以来，随着世界主要国家对于绿色发展和能源转型的重视，以风、光为代表

的可再生能源发电占比不断提高，对电力系统的影响主要有两个方面：一方面，对于传统电力市场包容性和灵活性提出了更高的要求；另一方面，也对常规燃煤和燃气发电机组利用空间产生了一定程度的挤压，造成传统机组收益大幅减少。面对新形势、新要求，世界许多国家纷纷调整电能量市场、辅助服务市场和容量市场的市场规则，根据国家能源转型战略导向和发、用电特点保障各类市场主体公平竞争，确保系统的可靠性和充裕度。例如，欧洲电力交易所 EPEX SPOT 在比利时和荷兰的电力现货市场中推出了 15 分钟连续日内交易，通过开展更为短期的交易为可再生能源参与市场提供了灵活的途径。2018 年 4 月，英国能源监管机构 Ofgem 批准能源科技公司 Limejump 的虚拟电厂参与电力市场竞争，可再生能源发电和分布式发电首次与传统发电资源在平衡市场中展开竞争。加拿大安大略省独立电力系统运营商 IESO 宣布开展年度容量拍卖，为煤电机组提高提供备用发电能力提供更多的资金支持。欧洲部分国家也在探索推进容量市场建设。

（三）打破输配电环节行政垄断，破除发电、售电市场化束缚

电力系统输配环节具有自然垄断的客观属性，而附着在自然垄断上的行政垄断使得电网企业在电力规划、投资、价格、市场准入等方面有较大话语权和影响力，为此世界许多国家把打破行政垄断、顺应自然垄断作为电力行业市场化改革的起点和标准选项，不仅提高了电网的线路使用效率，更解除了电网这个“中间”环节对供需市场化的束缚。英国为了改变电网行政垄断带来的效率低下、电价居高不下、企业经营困难的局面，1990 年开始启用私有化重组，成立独立输电公司，使输电逐步从其他业务中分离出来，配电采用内部业务独立模式，允许配电环节开展竞争，逐步实现了发电和配电环节的全面自由竞争。欧盟通过颁布电改法令，逐步打破输配行政垄断，2004 年欧盟主要国家实现了输电与其他业务的分离，促进了电力批发竞争和跨国交易；随后 2007 年进一步实现了配电与发电和售电的分离，促进了零售竞争的开展。但也必须看到，一些国家输配改革缺

乏与本国具体国情相结合，经历了严重挫折，2004 年韩国出于市场风险和政局稳定考虑，取消了输配分离改革；俄罗斯起初盲目效仿英国电改模式，一次性将发、输、配、售、调全部独立，“休克疗法”带来了利益格局的巨大冲击，2012 年迫于监管困难、电价上涨、投资紧张等问题，不得不将输电公司和配电公司重新合并。

（四）推动电网与用户有效互动，逐步建立售电端竞争机制

伴随需求侧技术的快速发展和智能电网建设的推进，放开售电侧市场、赋予用户自由选择权利、通过市场手段激励用户参与市场的积极性成为各国电力行业市场化改革的重要内容。美国新英格兰 ISO 成为首个将需求响应资源全面整合到批发电力市场中的区域运营商，以市场价格结算需求响应资源；另外美国各市场也在将储能等新兴资源主体整合进电力市场。英国近年来大力推进智能电力零售市场计划，依托智能计量技术，充分考虑能源系统的一系列变化，建立了一个更加高效、动态、具有竞争力的市场，并为消费者带来更好使用体验和经济效益。日本东京电力公司开展市场化综合能源服务，为客户提供最为优化有效的能源使用方案。

四、当前我国电力行业市场化改革的问题与原因

经过多年的改革，我国电力行业市场化改革仍然存在市场准入不公平、市场竞争不充分、电网垄断特征强、价格难以反映市场供需等问题，亟待进一步推进电力行业市场化改革，发挥市场对电力资源的配置作用。

（一）主要问题

1. 电网发展与国家战略、地方需求、发电用电需求不够协调

长期以来，我国电网规划制定以电网企业为主，与国家能源发展战略、地方政府电力发展诉求、发电企业、用电企业缺乏足够的沟通和协

调。政府关于未来电网发展的规划，过度依赖电网企业的企业规划和企业决策。而电网企业在制定规划和决策时，更多考虑如何满足国资委的考核要求，以做大固定资产总量作为出发点，对电力市场的现实需求和国家清洁低碳发展战略安排考虑不足。这导致我国部分输电线路利用效率长期偏低，部分跨区、跨省特高压输电线路年利用率不足10%。

2. 电网企业拓展业务全面出击抢占了竞争性市场空间

我国电网企业的本职业务应该是电力的传输和配送，但是近年来电网企业加快收购电力设备制造企业、电缆制造企业、电力科研院所、开展电动汽车充电业务、为终端客户提供热电冷综合能源服务等业务，背离了电网作为公共服务部门的基本定位。电网新进入的领域，往往是民营经济创新活力强、新增能源服务旺盛的新领域。电网企业大力开拓辅助业务，背离了中央电力体制改革文件“主辅分离”的总体要求，进一步增强了电网的垄断地位，让民营经济发展受阻。

3. 电力市场进入存在各种“玻璃门”“旋转门”“弹簧门”

发电企业发电上网虽然已经实现了市场竞争，但允许何种企业参与竞争尚不公平。一些省份编制的“可再生能源竞争方式配置实施方案”中，虽然制定了新政策、新规定、新办法，看似全部企业都可以参与市场竞争，但真正执行起来仍是国有电力企业和有当地政府背景的企业优先。某些项目招标，虽然表面上对各种企业一视同仁，但在招标条件里设定某些条款，把民间投资挡在门外。民营企业刚刚进入增量配网等领域，又被一些市场准入和进入门槛等“硬性政策”弹出。一般而言，民营企业特别是来自外地的民营企业在当地获得土地资源、发电上网资源、低电价的难度较大。市场准入规则的制定过程不公开、不透明，不能事先向社会公开征求意见。这些市场准入障碍，不利于电力市场的公平竞争，保护了落后企业，影响了电力产业的高质量发展。

4. 燃煤发电“边亏损、边扩张”长期难以持续

近年来，我国燃煤发电厂建设速度较快，但盈利能力日趋下降。2020年，由于燃煤发电企业净效益差，国资委对甘肃、陕西、新疆、青海、宁夏等五省区的燃煤发电企业进行重组。从国资委发布的《中央企业煤电资源区域整合试点方案》看，中国华能、中国大唐、中国华电等五家企业下辖的474个燃煤电厂装机共计5.2亿千瓦，资产总额为1.5万亿元，负债总额为1.1万亿元。474个燃煤电厂中，有257户亏损，亏损面占到54.2%。除此之外，贵州等省份的燃煤发电厂亏损也比较严重，扭亏为盈压力很大。与此同时，我国燃煤机组建设速度仍然保持较高增速。中电联数据显示，2019年我国煤电装机为10.4亿千瓦，2020年1—5月，全国新增燃煤发电装机容量为820万千瓦，预计全年新增装机规模2000万千瓦左右，虽较过去大幅下降，但每年新增装机仍相当于新西兰装机容量的两倍。

5. 割裂的价格难以引导市场主体主动改变自身行为

我国政府对电价进行严格而复杂的管制，价格信号难以发挥调节市场主体的作用。在我国，发电企业和电力用户的价格被电网和电力价格制定者“隔离”开来：一方面，发电市场的供给、成本变动不能转变为价格信号，及时传导给用户；另一方面，居民和其他用户长期享受稳定的低电价，价格信号无法发挥“市场指挥棒”的作用，电力用户缺乏节能提效的压力和动力。由于电力价格僵化，电力系统发展的“气血”经常难以打通，各级政府部门经常成为“救火队”“救生员”，头痛医头、脚痛医脚，按下葫芦浮起瓢，耗费了大量的时间和精力，却难以根治电力系统存在的顽疾。

6. 需求侧电力资源难以进入电力市场参与交易

需求侧电力资源是指能够对电力价格信号做出灵活响应的用户侧市场主体、用电设备或者发电设备，既包括传统的可中断负荷、可变负荷，也

包括电动汽车、储能、分布式发电等近几年新出现的用户侧用电、储电或发电设备。当前我国电力市场机制尚不成熟，难以通过为电网提供服务获得合理的市场收益，因此需求侧各种电力资源参与电力市场交易的积极性不高。以储能为例，现阶段不少地区的电力辅助服务市场虽然对储能企业（或储能设备）参与电力辅助服务的身份给予认可，但实际操作中面临着电网收益分摊不合理、缺乏公平竞争市场环境、补贴政策不可持续等问题。未来随着需求侧资源加速发展，亟须通过市场化改革提升需求侧资源在电网系统资源配置中的参与程度，将电力需求侧响应纳入电力市场交易，缓解新能源消纳和系统调峰压力，促进电网用户侧市场主体参与电力市场的积极性，为实现电力系统清洁低碳发展的国家目标做出更多贡献。

（二）原因分析

我国电力发展存在的问题比较多，深挖其原因，主要存在于以下四个方面。

1. 电网企业发展与电力改革文件方向出现偏差

我国《电力体制改革方案》提及了“输配分开”，《中共中央　国务院关于进一步深化电力体制改革的若干意见》进一步明确了“管住中间”的改革方向，但电网的实际发展方向和发展内容在一定程度上偏离了电力体制改革的初衷。电网企业虽然具有自然垄断属性，但长期以来的计划经济思维色彩浓厚，一些基层电网企业把拥有“自然垄断”属性等同于拥有“行政垄断”权力，在电力市场中追求“一家独大”。由于自然垄断与行政垄断相互交织、紧密结合，企业标准混同为行业标准、国家标准，企业规则视同为国家政策的问题比较突出。在国资委考核机制的推动下，电网企业以做大经济总量为目标，电网企业在制定决策时主要考虑的是满足国资委的业绩考核要求，而不是如何细化并进一步落实电力体制改革文件。

2. 尚未形成以市场决定电力价格的市场运行机制

电力行业市场化改革的核心，是建立按市场供需形成电力价格的机制。目前我国政府对电力价格的控制比较直接，中央政府、地方政府对电力价格进行的直接或者间接干预相对较多。电力价格高的时候，政府往往倾向于采取行政手段调低价格，但调低多少合适，取决于政府官员的经验，而不是市场供需平衡的变化。在既有的电力市场试点过程中，电力价格出现较大幅度上升或者下降时，政府官员对市场“失稳”十分担心，对市场主体自动调节其行为的能力缺乏信心，往往急于出手采取措施。实际上，频繁的非市场干预反而会导致市场主体难以判断市场走势，在采取行动时无所适从。市场主体无法对市场走势形成自己独立的判断，缺乏足够的市场预期，更不利于电力市场发展。

3. 政府对企业内部决策干预较多

政府对电力企业内部决策干预多，导致电力企业难以按照市场规律自主进行决策。例如，2020 年，国资委发布《中央企业煤电资源区域整合试点方案》，以行政手段在西北五个省份对五大发电集团进行煤电资源整合，由一个发电集团牵头整合同一省份内的燃煤发电厂，旨在以行政方式整合资源减少企业亏损。电力市场交易过程中，地方政府对省内发电、用电企业交易的直接干预时有发生。政府对电力相关企业的直接干预，扭曲了企业行为，企业难以按照市场规律进行自主决策。政府代替企业进行决策，既不能享受企业从市场盈利带来的好处，也不能代替企业承担决策失败造成的经济损失，导致政企关系难以处理。

4. 电力监管缺乏技术能力和话语权

在电力发展战略与电力重大政策决策中，我国电力监管部门长期处于弱势地位。电力监管部门甚至被误认为是电力政策的咨询机构，执法不严、违法不究问题突出，威慑性不足。电力监管部门虽然在各地区设置了中央派驻机构，但在重大问题上仍无法对电网企业、地方政府和地方电力企业形成足够的震慑作用。再加上某些领域存在管理漏洞，管理缺失和监管不到位的问题同时存在，应有的执法工作难以正常履行，执法不严、违法不究的问题长期难以解决。

五、下一步电力行业市场化改革的目标和思路

（一）主要思路

推进电力行业市场化改革，要立足我国电力体制机制现状，把握电力行业“十四五”阶段性特征和中长期市场化目标，坚持新发展理念，坚持高质量发展，坚持市场化改革方向，加快推进输配分开、网运分离，加强发电侧多元竞争，推动购售电充分市场化，实现要素市场化配置，构建公平竞争、价格能反映供需变化的电力市场结构和市场体系，实现各级市场互联互通、互补衔接，强化电力监管效果和威慑力，充分发挥市场在电力资源配置中的决定性作用，走出具有中国特色的电力市场化道路，为建设清洁低碳、安全高效的现代电力系统提供支撑。

（二）主要目标

课题组分析认为，目前我国电力行业市场化改革架构和各个环节的大致进程，如图 6-1 所示。其中发电环节的改革已经基本结束，售电环节、配电环节改革大幕已经拉开，但以输电环节、输配分开、网运分离等为主要内容的市场化改革，还有待进一步推进。

下一阶段，我国电力行业市场化改革的目标是：2025 年前，完成电力领域竞争性环节市场化改革。通过多途径培育发电市场主体，实现发电侧多元竞争；完成电网“输配分开”“网运分离”，逐步实现非政策性配电网资产全面放开，推动购售电充分市场化；电力相关土地要素实现市场化配置，形成较为成熟的数据要素市场，资本要素市场化也得到了完善；全面完成电力交易机构与电网企业脱钩。完善的电力现货市场拓展到全国范围，建成电力辅助服务市场，中长期市场、现货市场、实时市场等多级市

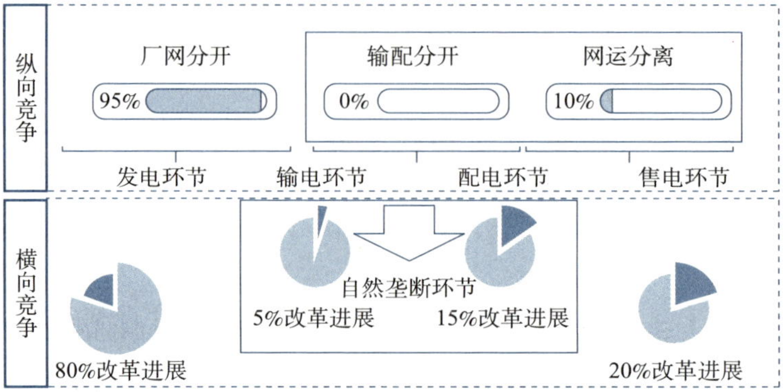

图 6-1　我国电力行业市场化改革架构

场全面实现互联互通、互补衔接；建成适合我国国情的容量市场；建立多级监管体系，实现对各类电力企业的有效监管（如表 6-1 所示）。

表 6-1　电力行业关键环节市场化改革时间

<table>
<tr><th>环节</th><th>2021 年</th><th>2022 年</th><th>2023 年</th><th>2024 年</th><th>2025 年</th></tr>
<tr><td>发电环节</td><td colspan="3">加强发电侧多元竞争</td><td></td><td></td></tr>
<tr><td rowspan="5">输配环节</td><td colspan="5">推动输配分开</td></tr>
<tr><td></td><td></td><td></td><td colspan="2">促进配电网逐步“盘活存量”</td></tr>
<tr><td colspan="2">推进电力交易与电网加快脱钩</td><td></td><td></td><td></td></tr>
<tr><td colspan="3">建立电力辅助服务市场</td><td></td><td></td></tr>
<tr><td colspan="5">形成较为完善的政府监管</td></tr>
<tr><td rowspan="3">购售环节</td><td colspan="5">推动网运分离</td></tr>
<tr><td colspan="2">建立较为完善现货市场</td><td></td><td></td><td></td></tr>
<tr><td></td><td colspan="2"></td><td colspan="2">研究建立电力容量市场</td></tr>
</table>

六、下一步电力行业市场化改革的主要任务

电力行业竞争性环节主要集中于发电侧和售电侧，建立充分竞争的电力批发市场和零售电市场是我国电力系统效率提升、供能成本持续降

低的核心，同时，破除电网垄断制约又是实现发、售真正市场化的关键，另外建立完善的多级市场体系和要素市场化配置机制是电力行业竞争性环节市场化的有力支撑，全面有力的市场监管又是实现市场化的重要保障。推进电力行业竞争性环节市场改革，需要做到“一分开，二加强，三完善”。

重点任务包括以下六个方面。

（一）推动输配分开

1. 推动电网“输配分开”，创造公平竞争平台

重构电网组织模式，逐步推进电网输电、配电产权分离，打破电网行政垄断，破除发、售市场化障碍。建立公共服务型的输电企业，专门负责220kV及以上电网的经营和管理，锁定我国主干电网的安全稳定运行；以“准许成本+合理收益”为原则形成价格机制，还原自然垄断输电网公共服务属性，为各类型配售电企业提供公平无歧视接入。创建兜底型的配电企业，主要负责110kV及以下电网（部分大型城市可涵盖220kV电网）的建设和运维，承担边远地区配网建设、农网改造等政策性业务，保障我国既有配电网的稳定过渡和政策性配电的可靠支持；同样兜底型配电企业按照“准许成本+合理收益”建立价格机制，对电力用户公平无歧视接入。推动发电企业、售电公司等多元市场主体成立竞争性配电公司，对增量配电网进行建设和管理，按照市场化价格运营。

2. 严格贯彻“主辅分离”，防范自然垄断企业进入电力竞争性环节

严格执行《电力体制改革方案》、“主辅分离”精神，清查电网企业包括设备制造、房地产、宾馆酒店等非电网资产，加快组织退出工作，促进电网真实成本厘清，防止电网企业利用市场力和资金优势进入电力竞争性环节，保障电气制造等领域公平、公正竞争。处理好退出部分不同类型人员用工关系的承接、薪酬机制与薪酬水平等问题，以切实按照相关法律法

规政策规定，做好劳动关系、社会保险关系的转移、接续工作。

（二）加强发电侧多元竞争

1. 多途径培育市场主体，实现发电侧充分竞争

鼓励发电侧各类市场主体以多种形式参与电力批发和零售市场交易，推动可再生能源发电、燃气轮机发电机组、核电机组等发电企业全面参与电力市场交易，鼓励虚拟电厂企业、储能企业等新兴市场主体进入市场参与电力交易，充分激发市场竞争活力。制定公开透明的准入和退出机制，鼓励地方发电企业、自备电厂等广泛参与电力市场竞争，形成发电侧多元竞争的格局，在充分竞争中实现电力资源的优化配置。

2. 严格限制发电资源整合，防止地区垄断卷土重来

严格限制区域煤电资源整合，防止区域煤电资源过度集中形成新的区域垄断，背离电力体制改革“放开两头”的初衷；严格限制大型国有煤电企业整合，防止煤电企业依靠市场力操纵市场，阻碍电力市场健康运行；参考国际发展经验，随着风、光等可再生能源的快速发展，煤电企业应逐步向电力系统灵活性电源转型，主要盈利来源由电能量市场向辅助服务市场转变。随着煤电外部成本的内部化，加快研究新形势下煤电企业监管机制，逐步将节能减排监管与市场相结合。

（三）推动构建购售电侧竞争格局

1. 推动配电网“网运分离”，建立电力购售市场竞争格局

加紧推动自然垄断的配电网与具有市场竞争的售电业务分离，建立电力购售市场竞争格局。配电企业统一管理配电网的建设和运维，负责配电网资产管理，既包含国有兜底型配电企业，也含有社会竞争性配电企业，都具有公共服务属性。售电企业承担配电网的购售电业务，负责管理配电网运营，鼓励社会资本广泛参与，充分释放购售电市场竞争活力，为电力用户提供价格低廉、满足不同偏好的电力供应，提升用户满足感。

2. 促进配电网逐步“盘活存量”，实现售电侧充分市场化

研究已建非政策性配电网产权出让机制，配电网企业以配电网资产为纽带，吸纳社会资本成立混改配售电企业，按照市场竞争性企业管理，混改配售电企业独立经营，不受配电网企业领导；通过配电网盘活存量，增加市场竞争主体，进一步激发市场活力。按照完善治理、强化激励、突出主业、提高效率要求，建立有别于国有独资、全资企业的混改配售电企业治理机制和监管制度，防止国有资产流失。

3. 推进电力交易机构与电网企业加快脱钩，保障市场交易独立性

加快推进电力交易机构股份制改造，进一步区分交易机构与调度机构的职能，加紧推动北京、广州两个跨省跨区交易中心合并，为跨区域、多品种、全国互联互通、互补互济的电力市场化提供基础支撑。加大电力交易专业人才引进，加强交易机构建设和提升运营水平，为电力市场化改革提供独立交易结算。

（四）建立基于多级市场体系的电价形成机制

1. 形成合理的多级市场体系，实现各类资源有效配置

加强电力细分市场的统筹设计，明确各类市场的功能定位，做好细分市场的有效衔接（见图 6-2）。电力中长期市场锁定电力交易主体，发挥规避市场风险的作用；电力现货市场作为市场化电力电量平衡的补充，通过运行与市场的耦合，主要发挥发现价格、完善交易品种的作用；辅助服务市场包含调频、备用等交易，主要保障电力系统安全可靠运行；电力容量市场定位引导中长期电力合理投资。通过建立多级电力市场体系，形成既能反映市场供需平衡变化，又能保障电力安全供应的市场化的电价形成机制。

2. 完善电力现货市场，发现电力价格

坚持电力现货市场是各级市场核心纽带的地位，进一步完善电力现货

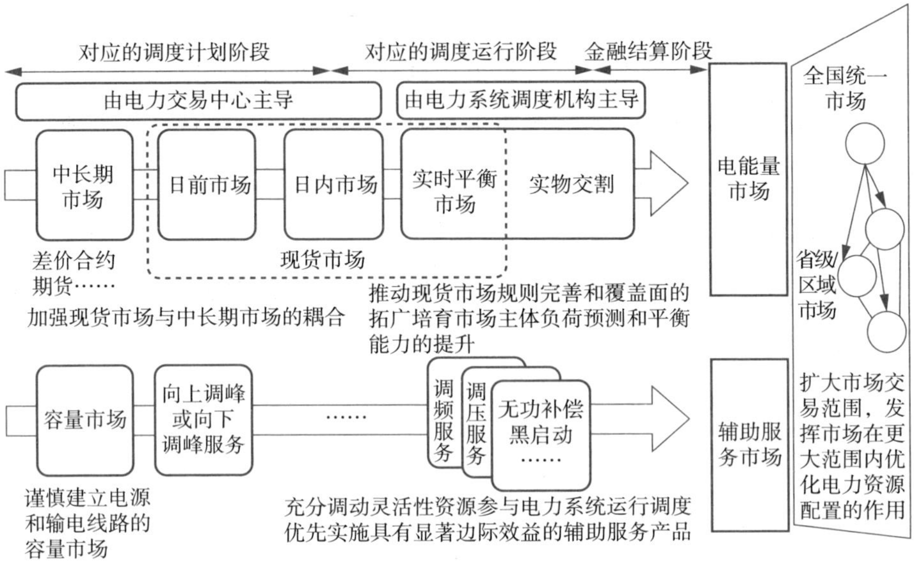

图 6-2　建设多级电力市场的设想

市场规则，加紧电力现货市场试点工作的推进和总结，尽快在全国范围推广。扩展电力现货覆盖的市场主体和发用电品种，形成充分竞争的市场氛围，发现电力价格，指导其他市场交易。提高电力现货市场的包容性和开放性，为不同发电技术提供更加公平非歧视的竞争环境，降低市场新主体、新技术类型的参与门槛。加强电力现货市场参与主体的风险意识，优化投资组合和出价策略，形成理性的投资和市场运行环境。

3. 建立电力辅助服务市场，形成辅助服务价格机制

进一步明确辅助服务保障系统安全、提升运行效率的功能定位，参考国际经验加快建设适合我国国情的电力辅助服务市场。充分考虑各类灵活性资源运行特性和地域分布，制定兼顾广泛性、有效性和可靠性的辅助服务规则。鼓励各类灵活性资源广泛参与电力辅助服务市场，通过市场发现辅助服务价格，完善电力辅助服务市场价格传导机制，辅助服务费用通过输配电价等方式疏导至全体电力用户。

4. 研究建立电力容量市场，引导中长期电力合理投资

参考部分发达国家电力容量市场平抑电价大幅波动的经验，加紧研究电源和输电线路容量市场建设机制，既要促进电力批发市场、辅助服务市场价格稳定，引导电力资源的中长期投资，又要避免过分强调电力安全，造成发电资源和输电资源过度冗余，导致系统经济性降低和电力用户费用过高。在现货市场建设较为成熟后，遵循循序渐进的原则可考虑研究建立电源和输电线路的容量市场试点，探索电力容量市场进一步优化资源配置的作用，待试点经验成熟后向全国推广。

5. 加强电力市场互联互通、互补衔接，充分发挥各级市场作用

发挥市场在更大范围内优化电力资源配置的优势，以全国各省区市全部实现电力市场化为中长期目标，推动省级电力市场互联互通、互补互济。推进省级电力市场和跨省跨区电力市场的建设，设计省级市场与全国市场的统一接口，构建可实现两级（或多级）电力市场的多类型、多品种的协同交易体系。推动中长期电能量市场由双边合同向差价合约、期货市场等多种形式扩展，加强与现货市场的耦合与衔接，提升市场主体风险管控和规避的能力，增强电力商品交易的多样性、灵活性和流动性；加快现货市场从日前市场向日内、平衡市场扩展，加强现货交易与系统实时运行的衔接，提升系统的安全稳定性和运行效率。

（五）完善要素市场化配置

1. 推进土地要素市场化配置，降低电力非技术成本

伴随城乡统一的建设用地市场建设，结合电力行业特点和发展趋势，加快修改完善土地管理法实施条例，完善相关配套制度，促进电力行业土地要素优化配置；健全长期租赁、作价出资（入股）等用地市场供应体系，简化电网、风电、光伏等建设用地审批流程，促进电力领域非技术成本持续下降。

2. 加快培育数据要素市场，促进电力市场化提档加速

加快实现电力数据的分级分类管理，尽快明确电力生产、运行、管理和销售等类型数据的所有权、使用权、采集权、收益权、交易权等权利，重点划出边界和红线，为电力数据要素市场化保驾护航，杜绝公共资源浪费和私利化。结合培育数字经济新产业、新业态和新模式，探索电力数据在电力交易、辅助服务、发售电策略等领域的开发利用新场景，服务电力市场化建设。充分发掘电力数据价值，利用电力数据实时性优势，为政府机构经济运行监管提供强有力的手段。

3. 推进资本要素市场化配置，保障电力市场化健康发展

健全多层次资本市场体系，通过绿色金融等举措引导电力市场发展方向；逐步放宽各类资本准入条件，推进电力市场化环节形成多种所有制企业共同竞争的局面。鼓励商业银行采用知识产权质押、预期收益质押等融资方式，为电力技术成果转移转化提供金融产品服务，促进电力技术持续创新。

（六）完善政府管理和监管职能

1. 收回电网企业代行的政府行政权力，剥离电网企业行政垄断

政府主管部门要从电网企业收回规划编制、标准制定、并网准入规则制定、调度规则制定、交易规则制定等政策法规标准制定的职能，剥离电网企业行政垄断。输电网规划应由发展改革委联合各省级政府电力主管部门负责制定；电网相关标准由政府委托第三方机构制定，并由第三方检测机构执行；并网相关准入手续由各省级电力主管部门具体执行。

2. 加强政府对电力市场运行监管，保障市场公平有序发展

国家能源局负责对电网输电企业、兜底型配电企业进行监管。国家发展改革委负责研究建立自然垄断环节电价定价机制和竞争性电力市场的电力价格形成机制。国家市场监管总局负责对输电企业和兜底型配电企业的成本、收益进行监管，对配售电企业服务质量进行监管。

七、关于电力行业市场化改革的政策建议

（一）完善电力行业市场化改革顶层设计

研究建立适应电力行业市场化改革和市场化状况下电力系统运行的法律、法规和标准体系，由政府主导、第三方机构参与共同制定。厘清政府与国企的关系、中央与地方的关系、中国与世界的关系，建立国有资本经营预算，并与公共预算相衔接，一方面限制垄断性收入，另一方面通过公共预算增加全社会公共品供给；完善地方、企业考核机制，激发潜在活力，防止扭曲发展；站在全球的角度制定配置要素资源，积极融入世界发展。完善“管住中间、放开两头”市场化改革内容，补充新形势、新变化对于我国电力行业市场化改革的新要求；坚持有序开展的原则，制定明确的改革路线图和时间点，谨防改革大起大落带来的社会波动。

（二）建立电力行业市场化改革强力执行体系

明确政府、电网企业、发电企业、电力消费者、交易中心、调度机构的责任、权利和义务，建立权责分明、协作配合的电力市场化改革执行体系。对照市场化改革目标，明确每项任务的责任主体，强化主要任务责任落实，实现改革有序、稳妥推进；紧盯重大改革任务，强化节点进度考核，注重重大任务完成质量；加强改革各环节沟通联系，强化改革的联动和配合；对执行不力、进展缓慢、落实不到位的重点任务，建立预警、约谈和处分机制，保证改革任务顺利推进。

（三）加强各级、各环节监管力度

从电力全环节的角度出发，建立发电、输电、配电、售电改革的全方位监管模式；强调事中监管，各主要任务均被列入监管范围，加强监管风险监测研判，建立健全联合惩戒机制；研究建立电力监管委员会，建设有力、专业的监管队伍，分行业形成科学、高效的监管体系；运用信息采

集、大数据、“互联网+监管”等先进技术手段创新监管方式，提升电改监管效能；向社会公开发布监管报告，披露监管信息，增强监管工作的透明度，更加积极主动发挥监管的作用。

参考文献

[1] 国务院．电力体制改革方案（国发〔2002〕5号）[Z]．2002.

[2] 中共中央，国务院．关于进一步深化电力体制改革的若干意见（中发〔2015〕9号）[Z]．2015.

[3] 中共中央，国务院．关于新时代加快完善社会主义市场经济体制的意见 [Z]．2020.

[4] 中共中央，国务院．关于构建更加完善的要素市场化配置体制机制的意见 [Z]．2020.

[5] 朱文毅，罗体英．电力市场建设必须符合中国国情　须坚持走中国特色电力市场建设道路 [J]．电力设备管理，2020（4）.

[6] 谢时雨，席星璇，张雨曼，陈玉蕾．新电改下售电公司运营模式研究 [J]．中国市场，2017（19）.

[7] 宋轩，李玉英．国外电力市场改革进程对中国的启示 [J]．节能与环保，2017（9）.

[8] 宋小松，张建华，刘宗岐．中国电力市场改革模式探析 [J]．中国电力教育，2007（S2）.

[9] 张显，史连军．中国电力市场未来研究方向及关键技术 [J]．电力系统自动化，2020（16）.

[10] 贺宜恒，周明，武昭原，等．国外典型电力平衡市场的运作模式及其对中国的启示 [J]．电网技术，2018（11）.

[11] 朱文毅，罗体英．中国特色电力市场建设的哲学思考 [J]．中

国电力企业管理，2020（10）.

［12］刘瑞丰，陈天恩，李焰，等．基于能源转型的电力市场建设分析与思考［J］．中国电力企业管理，2020（7）.

［13］陈国平，梁志峰，董昱．基于能源转型的中国特色电力市场建设的分析与思考［J］．中国电机工程学报，2020（2）.

［14］唐俊，陈大宇．推进我国电力市场建设的思考［J］．中国电力企业管理，2016（19）.

［15］李明，焦丰顺，任畅翔，等．新一轮电改下电力辅助服务市场机制及储能参与辅助服务的经济性研究［J］．南方能源建设，2019（3）.

第七章

进一步推进能源领域关键环节市场化改革

本章是前述各章的综合性分析，以及在系统性分析基础上得到的综合性结论。本章指出了进一步推进我国能源领域市场化改革的重要性和紧迫性，分析了下一阶段推进改革面临的机遇与挑战，提出了推进我国能源领域市场化改革的主要思路，分别对油气和电力行业提出了关键环节市场化改革的主要任务、时间表、路线图和里程碑，以及保障改革顺利推进的综合性政策建议。本章将为读者全面了解我国能源领域市场化改革状况、判研未来能源市场走势提供参考。

进一步推进能源领域关键环节市场化改革，既是建立更加成熟社会主义市场经济体制、开启建设社会主义现代化国家新征程的重要任务，也是推动经济高质量发展，构建以国内大循环为主体、国内国际双循环相互促进的新发展格局的客观需要，更是加快推动能源体制革命、还能源以商品属性的重要任务。加快推进能源领域关键环节市场化改革，对我国实现2035年基本建成社会主义现代化国家，建成清洁、低碳、安全、高效现代能源体系具有决定性作用。

本章重点分析了我国能源领域关键环节市场化改革面临的新形势，指出了当前推进能源领域关键环节市场化改革的机遇和挑战，提出了下一阶段我国能源领域市场化改革的重点行业、关键环节、主要任务、时间表与路线图，为我国加快推动能源领域市场化改革提供参考。

一、进一步深化能源领域市场化改革势在必行

（一）是建立更加成熟社会主义市场经济、完善要素资源市场化配置的内在需要

我国社会主义市场经济建设的核心，是要着力构建市场机制有效、微观主体有活力、宏观调控有度的经济体制。改革开放的历程就是我国对社会主义市场经济体制不断探索和完善的过程。经过40多年的改革，我国大部分商品价格已经由市场决定，部分要素市场价格也正逐步市场化。能源领域一直是市场化改革的“硬骨头”和“深水区”。煤炭、石油、天然气、

电力、热力等能源品种中，煤炭的市场化进程较快，石油、天然气、电力、热力等能源品种的市场化进程明显滞后。党的十九届五中全会明确提出“十四五”时期“社会主义市场经济体制更加完善，高标准市场体系基本建成，市场主体更加充满活力”等主要目标，能源行业作为全经济领域发展的血液和基石，亟待加快市场化改革步伐，加大市场化改革力度。

2020 年，《中共中央　国务院关于新时代加快完善社会主义市场经济体制的意见》《中共中央　国务院关于构建更加完善的要素市场化配置体制机制的意见》印发实施，就完善社会主义市场经济体制和关键领域改革作出重大部署。提出“以完善产权制度和要素市场化配置为重点，全面深化经济体制改革，加快完善社会主义市场经济体制，建设高标准市场体系，实现产权有效激励、要素自由流动、价格反应灵活、竞争公平有序、企业优胜劣汰”的总体要求，对于能源领域则强调要严格监管自然垄断环节，加快实现竞争性环节市场化，构建有效竞争的电力市场，健全竞争性油气流通市场。能源市场是我国社会主义市场经济的重要组成部分，深化能源领域市场化改革是加快完善我国社会主义市场经济、优化要素市场化配置的内在需要。

（二）是推进高质量发展、建设现代经济体系的必然要求

党的十九大报告指出，我国经济已由高速增长阶段转向高质量发展阶段，正处在转变发展方式、优化经济结构、转换增长动力的攻关期，建设现代化经济体系是跨越关口的迫切要求和我国发展的战略目标。建设统一开放、竞争有序的市场体系，是建设现代经济体系的六个任务之一，也是推动经济高质量发展的必然要求。

高质量发展，要求我国经济发展要坚持质量第一、效益优先，实现质量变革、效率变革、动力变革。能源是推动我国经济高质量发展、建设现代经济体系不可或缺的自然资源要素。充分发挥市场在资源配置中的决定性作用，还原能源商品属性，完善价格形成机制，激发市场动力和活力，

构建公平开放、有效竞争的能源市场体系，对推动社会生产生活方式变革，构建现代化经济体系具有重要的支撑和驱动作用。

（三）是构建以国内大循环为主体、国内国际双循环相互促进的新发展格局的重要保障

党的十九届五中全会提出“加快构建以国内大循环为主体、国内国际双循环相互促进的新发展格局”的指导方针，对推动我国加快完善社会主义经济体制具有重大意义。加快推进市场化改革，做大做强国内市场，打破行业垄断和地方保护，优化供给结构，改善供给质量，破除妨碍生产要素市场化配置和商品服务流通的体制机制障碍，降低全社会交易成本，协同推进强大国内市场和贸易强国建设，以国内大循环吸引全球资源要素，充分利用国内国际两个市场两种资源。

能源行业经过四十年改革与发展历程，以增量带动存量的边际改革总体上取得了显著的成效，但距离强大国内市场仍有差距，以强大国内市场促进新发展格局加快形成仍面临着不少体制机制约束。能源领域坚定不移推进市场化改革，坚定不移扩大开放，破除制约能源高质量发展的体制机制障碍，强化有利于提高资源配置效率的重大改革开放举措，持续增强发展动力和活力，是贯彻新发展理念、构建新发展格局的重要保障。

（四）是顺应全球能源转型趋势、加快我国能源革命的必由之路

从国际看，进入21世纪，全球已步入绿色低碳发展的能源转型之路。从世界各国能源发展的经验看，由市场配置资源是实现本国能源转型的基础。尽管各国的发展情况、市场状况和发展阶段不同，但是改革进程都是从引入竞争、增强要素流动性、服务好用户的共同目标出发，通过打破垄断、放松政府管制、让竞争性的市场机制充分发挥作用来实现。让能源企业通过在竞争市场中为全社会共同利益而努力奋斗，是近年来全球能源转型条件下能源行业发展的共同道路。

从国内看，习近平总书记2014年在提出能源生产和消费革命时指出，要推动能源体制革命，打通能源发展快车道。要坚定不移推进改革，还原能源商品属性，构建有效竞争的市场结构和市场体系，形成主要由市场决定能源价格的机制，转变政府对能源的监管方式，建立健全能源法治体系。习近平总书记将“还原能源商品属性”作为能源体制革命的重要目标，既顺应了全球能源发展大势，又指明了我国能源需要在市场结构、市场体系、价格机制、政府监管四个方面加快改革，以市场化改革推动能源革命目标早日实现。

（五）是“十四五”期间全面深化改革，构建高水平社会主义市场经济体制的重要任务

党的十九届五中全会明确提出“全面深化改革，构建高水平社会主义市场经济体制”，“坚持和完善社会主义基本经济制度，充分发挥市场在资源配置中的决定性作用，更好发挥政府作用，推动有效市场和有为政府更好结合”，强调推进能源行业竞争性环节市场化改革，优化民营经济发展环境，破除制约民营企业发展的各种壁垒。

《中共中央　国务院关于进一步深化电力体制改革的若干意见》（2015年3月）、《中共中央　国务院关于深化石油天然气体制改革的若干意见》（2017年4月）印发实施以来，电力、油气等垄断行业改革取得了重要进展，但仍面临一些深层次的问题和矛盾。电网企业运营模式尚未得到根本改变，竞争性业务市场化改革仍待深化。社会资本进入部分领域仍面临壁垒，市场活力尚待进一步激发，竞争政策的基础性地位仍待加强，多元化市场主体有效竞争格局尚不成熟。能源市场机制不完善，市场交易品种不丰富，市场化交易规模总体偏小，市场交易尚不规范，规则尚不统一。能源价格尚未准确反映资源成本、供求关系和环境成本，市场配置资源的决定性作用难以充分发挥。进一步推进能源领域关键环节改革，尤其是加快推进竞争性环节市场化改革，是“十四五”期间能源行业面临的紧迫攻坚任务。

二、深化能源领域市场化改革的机遇和挑战

能源是关系国家安全的战略性资源，同时也是商品，可以由市场最大限度地发挥配置资源的决定性作用。在计划经济时期，国家对煤炭、电力、油气、能源运输行业管得过多过死，随着我国经济社会发展进入新时代，能源“有没有”的问题已经基本解决，能源服务“好不好”的问题日趋凸显，如何引入更多的市场机制、更多地还能源以商品属性，显得更加突出。

（一）能源领域竞争性环节的市场化改革是关键

习近平总书记提出的“四个革命、一个合作”能源安全新战略，为能源市场化改革指明了方向。深化能源领域市场化改革，竞争性环节是关键。

我国油气行业长期处于寡头垄断状态。在保障油气进口安全的原则下，需要进一步厘清垄断环节与竞争性环节的关系，扩大油气勘探开采、进口权、生产加工、销售等环节开放，释放竞争性环节市场活力。根据油气产业不同环节的市场结构特征，采取不同的政策来完善油气市场结构，形成上游多主体多渠道供应、中游统一高效集输、下游销售充分竞争的油气产业格局，促进油气市场化竞争，理顺价格体系，还原油气能源商品属性，充分发挥市场配置资源的决定性作用和更好发挥政府作用。我国的油气行业竞争性环节主要是油气行业上游勘探开发市场、石油中游储备市场和天然气下游销售市场三个环节。

电力行业与石油天然气行业类似，既有竞争性环节，也有自然垄断环节。输电网络建设是经济发展的基础，垄断性较强。电力行业的竞争性市场，主要是指在上游的发电市场和下游的售电市场。在电力行业上游的发电市场，要多途径培育发电侧市场主体，限制发电资源整合，加强发电侧

多元竞争。在电力行业下游的售电市场，要加紧推动配电网网运分离，逐步盘活存量配电网资产，加强购售电侧竞争格局。

（二）能源市场化改革面临的机遇

1. 能源革命要求催生了与市场经济模式相匹配的新机制、新模式

习近平总书记在2014年中央财经领导小组第六次会议上提出了推动能源体制革命、打通能源发展快车道的重要论述。指出需坚定不移推进改革，还原能源商品属性，构建有效竞争的市场结构和市场体系，形成主要由市场决定能源价格的机制，转变政府对能源的监管方式，建立健全能源法治体系。这一重要讲话深刻揭示了我国能源领域深化改革的必要性，揭示了新时代我国能源发展的特点规律和方向趋势。近年来，全国能源系统深入贯彻落实这一重大战略，取消下放行政审批事项，稳步推进新一轮电力体制改革，开启了酝酿多年的油气体制改革。这一系列改革举措推动我国能源体制发生深刻变革，提高了资源配置效率、提高了企业效率和竞争力、推动了政府职能转变和调整，催生了与市场经济模式相匹配的新机制、新模式。

2. 国有企业市场和竞争意识不断增强

国有企业是国民经济发展的中坚力量，国企增加值占全国GDP、税费贡献占全国财政收入均有相当大的比重。随着中国经济受国际环境变化和国内结构调整、动能转换等因素影响，国有企业生产经营遇到了诸多困难与挑战，在高速增长时期积累的矛盾和问题逐渐显现。近几年，随着油气行业中的勘探开发、进口权、生产加工、销售环节逐步放开，电力行业中售电、配电领域逐步放开，国有企业不断提升市场响应和竞争能力。坚持以市场引领发展，以市场需求为中心，紧扣国家能源发展战略、重大项目布局规划，增强创新意识、竞争意识，推动发展方式向质量效益型集约增长转变、发展动力向创新驱动转变。国有企业不断加强市场研判和政策解

读，积极参与区域竞争性配置，积极参与国家电力市场体制改革，强化市场响应能力。

3. 民营企业随市场化改革深入将释放更多活力

民营企业是社会市场的重要组成部分，民营企业在维护社会稳定、提高社会的就业率、增加国民经济以及促进时代发展方面起着重要作用。随着各项改革措施的陆续出台，制约经济发展的体制机制障碍将有效破除，经济发展的内生动力和市场活力将被充分激发出来，为能源行业民营企业转型升级、加快发展将提供更多新的机遇。随着改革的深入，建设公平竞争市场，建立完善的产权制度，落实公平竞争审查制度，营造公平竞争的社会环境，有助于进一步增强民营企业经营发展的信心，促进民营企业与国有企业公平竞争，有助于激发民营企业经济活力。随着进一步简政放权，简化投资项目审批报建程序，保障各类投资主体公平进入能源领域上中下游，将加大各投资主体的竞争力度，有效推动民营企业不断加大结构调整的力度，着力转型升级，在工艺技术装备、经营管理水平、职工劳动技能和企业综合素质等方面不断提高。随着我国能源领域市场化改革的不断深入，政府职能不断转变，民营企业效率和竞争力将会持续提高。

4. 政府努力打造更加公平开放的市场环境

在市场层面，对民营投资、外商投资更加开放。在能源上游放开矿权市场，从“申请在先”改为“竞争性出让”。同时，松绑勘探资质管理，允许各类市场主体勘探开发，并提高矿权持有成本。逐步取消原油进口、批发、零售等流通环节的特许经营权。放开能源价格，逐步取消国家对能源产量、价格的直接干预。促使能源网络型垄断行业“网运分开、放开竞争性业务”，形成能源供给和能源消费之间多买多卖的市场格局。在政府层面，需进一步简政放权，简化投资项目审批报建程序，保障各类投资主体公平进入能源领域上中下游。深化能源财税体制改革，在油气领域，构建由矿业权使用费、价款、权益金组成的油气资源税费体系。同时加强对网络型垄断行业的监管，主要监管网络运营成本、收益及是否向第三方无歧视开放。

未来，随着我国能源领域市场化改革的不断深入，政府职能不断转变和调整，资源配置效率、企业效率和竞争力将会不断提高，从而保障供应安全、促进能源转型、将更好满足人民群众的期望。

（三）能源市场化改革存在的挑战

1. 以垄断为主的集中式供应体系与灵活的市场配置资源方式不适应

能源行业习惯于采用行政色彩较强的资源配置方式。长期以来，我国形成了一套比较系统、完整且复杂的能源计划调度体系，时至今日这套能源供应体系和调配方式仍未彻底改变。一是能源行业习惯于以能源供应者为中心谋划未来发展。长期以来，能源行业发展规划主要是从能源供应者的角色和定位出发，通过发展“大容量”“高参数”“长距离”为能源需求地区供应能源，解决能源匮乏和高效发展的思路，是“自上而下”地谋划未来能源发展。二是地方政府习惯于向中央政府请求调度能源。我国东部沿海各省对“西电东送”“北煤南运”“西气东输”等大通道、大工程依赖较大，能源匮乏时地方政府习惯于请求中央政府调度，导致地方政府依托市场力量解决自我能源供应的意愿和信心不足。三是政府对能源企业的直接干预相对较多，通常用行政命令解决问题。

社会经济发展呼唤更多的市场竞争和以消费者为中心的资源配置方式。市场经济应更多地考虑什么是市场发展的约束条件，如何通过市场竞争性环节引入更加充分的竞争，如何通过竞争满足不同消费者的不同消费偏好，提高消费者的满意度和幸福感。这是一种以消费者为中心、“自下而上”谋划未来发展的思路，与传统的以供应者为中心、“自上而下”谋划未来发展的思路截然不同。在解决局部能源供应不足时，市场经济主要以价格信号作为市场信息的传导工具，通过提高价格激发能源供应企业增强能源供应的积极性，而不是简单地打电话向上级政府寻求帮助。如果决策者不能从思想认识上、能源市场构建上、能源产供储销调度方式上下大力气加以转变，就不能满足我国能源市场需求的新变化，更难以在能源领域激发更多活力。

2. 用战略和规划引导市场配置资源的能力较弱

能源发展规划的政府配置色彩浓厚、市场配置资源较少。在能源发展规划方面，我国一直沿用每五年制定能源专项规划的方式，规划既包括能源供应侧的专项规划，又包括很多定量化的发展目标，缺乏足够的市场调控手段。此外，现有的规划方式使能源规划未能充分体现以国家利益和市场需求为核心的初衷。

能源规划难以调动市场主体问题越来越突出。随着市场经济转型逐渐深入，能源发展规划和实际发展的偏差越来越明显，能源规划的指导作用有所下降。能源规划不能按市场规律进行有效谋划，导致市场主体的决策偏离市场需求，使其难以执行到位。如果不能下决心转变规划制定思路，将规划方式尽快转变为引导资源配置的规划，避免靠规划本身去配置资源，那么规划的执行力将会不断下降。

3. 少数国有企业为主导的发展格局面临小型化、个性化需求增多的新挑战

我国能源领域长期形成了以大型国有企业为主的发展格局。长期以来，能源被视为一种特殊的商品，在一定程度上具有战略物资的特殊属性。在能源短缺时期，让国有企业在战略物资方面拥有绝对控制力，对保障国家能源安全至关重要。但是，随着我国能源供需格局转向总体供大于求，国有企业为主导的发展格局在市场化大潮中面临着新的挑战。与民营企业相比，国有企业虽然综合实力强，但企业决策周期相对较长，提供的服务相对单一，满足不同地区、不同行业、不同时间段、不同能源服务品

种的能力还不够强。

能源的小型化、个性化需求呼唤更多元化、多样化的服务。我国能源消费市场正在经历从“有没有”向“好不好”的巨变，不同地区、不同行业的消费者对能源服务品质的要求越来越多、越来越高。近年来，以分布式能源为代表的能源小型化、个性化需求显著增多，有的需要供热、有的需要制冷，有的需要在特定时间段提供特定能源，能源需求的分化、细化程度显著提高。与过去传统的能源服务方式相比，分布式能源项目的资金需求规模更小、品质要求更高、对服务方案更挑剔。民营企业对这些市场需求更为敏感，在投资小项目时决策流程更短、创新能力较强，更愿意在细分市场上“精耕细作”。面对能源市场的新变化，能源国有企业的发展面临着很多新挑战。

4. 让市场和政府发挥好各自作用任重道远

市场和政府的作用尚待进一步厘清。发挥好市场的决定性作用和更好地发挥政府作用，构建有效市场、有为政府，前提是正确厘清市场和政府的作用。目前，不少人对市场和政府在能源市场中的作用存在认识误区。例如，终端用户的天然气价格、电力价格、热力价格本应是市场发挥作用的领域，但不少人认为政府应该发挥作用，保护弱势群体。在制定居民用气、用电价格时，本应按市场化的原则，电压等级低、配电系统复杂、用电量少的居民用户电价本应较高，但政府考虑到对低收入群体照顾等因素，居民电价常年偏低。居民价格偏低，导致电力系统交叉补贴严重、用电越多的居民用户获得实际补贴越多等一系列新问题更加突出。如果不能划清政府和市场的边界，把该交给市场的资源配置内容交给市场，市场化改革则很难取得实效。

政府职能定位和管理方式尚难以适应市场化的运行方式，目前我国政府部门对能源市场的管理方式与能源市场发展和未来市场化改革尚存在诸多不衔接、不匹配的问题，管理缺位和越位并存。一是我国对能源行业的管理以计划和行政审批为主，能源管理方式尚未脱离计划经济时代的管理思路和管理方式，例如，仍然对燃煤电厂和电网建设以事前审批为主，但“事中和事后”监管薄弱。二是能源管理“九龙治水”问题突出。能源行业管理涉及多个部门，管理职能分散，不同部门之间政策不协调、不衔接的问题比较多。三是能源监管能力不足，能源监管效率和治理效率亟待提高。例如，国家缺乏专业的电力行业监管人员，对燃煤电厂与电厂的资产效益、价格合理性、是否存在市场不公平竞争等问题监督管理不够。如果政府和市场的作用不能理顺，则市场化改革很难落实到位。

5. 统筹能源高质量发展和保障能源安全需要下更大力气

首先，对能源高质量发展提升能源安全保障水平的认识不够。有人将发展与安全割裂开来，未充分认识到“只讲发展不讲安全，不是高质量发展；只讲安全不讲发展，更不能实现真正的安全”。本质上，能源市场化改革的重要目的是促进能源高质量发展，并不断提高能源安全保障能力。若不将能源领域竞争性环节的“市场”还给市场，市场主体的潜力和活力将被抑制，能源高质量发展的动力将被削弱，保障能源安全的综合水平也因此被拉低。

其次，存在担心能源市场化改革对国家安全带来不利影响的现象。对市场力量信心不足和市场化改革冲击国家安全的担忧，是能源市场化改革阻力大的又一重要原因。历史上形成的传统能源安全观，赋予了石油较多的国家战略和地缘政治属性。如果过度担心保障国家能源安全、追求能源绝对安全，过分夸大能源市场化改革对能源安全的威胁，不利于市场化改革有效推进。

最后，个别企业担心利益受损。深化能源市场化改革难免触及和改变既有利益方和利益格局。面临动“奶酪”甚至割“肉”之痛，长期以来固化形成的行业主要利益方，既未将能源市场化改革发展与能源安全有机结合，深化改革的主动性不足；又未将自身利益与国家利益和消费者利益统筹考虑，以多种理由夸大改革对能源安全的影响，迟滞能源市场化改革进一步深入。

三、进一步推进能源领域关键环节市场化改革的主要思路

党的十八大以来，党中央对油气和电力行业提出了一系列深入推进市场化改革的建议，但总体而言，改革进展比较缓慢，与能源领域贯彻创新、协调、绿色、开放、共享的新发展理念和高质量发展要求的衔接不够紧密，与实现能源领域中长期发展目标和2030年之前碳排放达峰、2060年前实现碳中和目标的新要求还不够匹配，油气、电力行业竞争性环节的市场化程度还不够高。因此，必须要在"十四五"时期，进一步将改革重点聚焦到油气、电力行业的竞争性环节，推动能源行业市场化改革持续深入。

（一）主要思路

以党的十九大和十九届二中、三中、四中、五中全会精神为指导，以高质量发展为主题，以深化供给侧结构性改革为主线，坚持以人民为中心，坚持新发展理念，坚持深化改革开放，坚持系统观念，以经济高质量发展和能源绿色低碳发展为战略导向，以推动油气、电力行业竞争性环节市场化改革为重点，以进一步厘清能源行业自然垄断环节和竞争性环节、在竞争性环节进一步完善市场体系为目标，以改革能源价格形成机制为支撑，以改革政府职能为保障，推动油气、电力竞争性环节实现多元竞争、公平竞争，通过市场化改革进一步激发市场活力。

"十四五"时期，我国能源领域关键环节市场化改革的主要目标是：瞄准2035年基本实现社会主义现代化远景目标，力争"十四五"末在油气、电力行业全部竞争性环节实现充分竞争，建成高标准、开放型的油气和电力市场体系，形成国企与民企良性竞争、协调互补的竞争格局，实现

油气、电力价格主要由市场决定，使市场在资源配置中的决定性作用得到充分发挥，市场主体活力充分激发，能源的商品属性得到回归，政府对能源市场的监管能力显著提高，广大人民对油气和电力改革的幸福感、获得感明显增强。

（二）推动油气行业竞争性环节市场化改革的思路

油气行业竞争性环节市场化改革的思路是，按照习近平总书记“四个革命、一个合作”能源安全新战略和党中央、国务院深化石油天然气体制改革决策部署，以全球化视角和从问题导向出发，进一步推进油气行业竞争性环节市场化改革。

我国的油气行业竞争性环节主要是油气行业上游勘探开发市场、石油中游储备市场和天然气下游销售市场三个环节。

在油气行业上游勘探开发市场，以现有百亿吨探明未动用储量为主要对象，通过“重组资产、搭建平台、剥离油服”，推进勘探开发市场化建设，盘活油气探明储量，将油气上游领域改革从“破除专营限制”推进到“矿权市场建设”阶段，通过引入多元主体释放油气产量增加、天然气灵活定价和储备能力增长的改革红利。

在石油中游的储备市场，以明确“分层功能”，实现不同状态下以储备功能为核心，以引入多元主体增加储备规模、发挥储备引导市场预期作用为重点，逐步实现多主体、多层次、多品种储备，将石油领域市场化改革向纵深推进。

在天然气下游的销售市场，在气源多、基础设施较为完善、配套条件好的省份率先试点建设竞争性天然气市场。作为天然气交汇枢纽的京津冀地区可以建设基于物理枢纽的区域天然气交易市场，而作为主要天然气消费区的浙江省可以建设基于虚拟交易枢纽的区域市场，尽早形成与国际接轨并被国际接受的市场化价格指数。

（三）推动电力行业竞争性环节市场化改革的思路

电力行业竞争性环节市场化改革的思路是，以新发展理念、高质量发展和走中国特色电力市场化改革道路出发，通过推进电力行业竞争性环节市场化改革，发挥市场在竞争环节资源配置中的决定性作用，全面提升电力行业生产经营效率，为电力用户提供更高品质的服务。

电力行业的竞争性市场，主要是指在上游的发电市场和下游的售电市场。在电力行业上游的发电市场，要多途径培育发电侧市场主体，限制发电资源整合，加强发电侧多元竞争。在电力行业下游的售电市场，要加紧推动配电网网运分离，逐步盘活存量配电网资产，加强购售电侧竞争格局。

电力行业中游的自然垄断环节，要进一步厘清自然垄断环节和竞争性环节，为上游和下游竞争性市场改革提供保障，为发、售侧创造公平、充分竞争的平台。这个改革过程可以分为三个步骤：第一步是把作为自然垄断环节的输电环节与配电环节分离。第二步是实施输配分开、网运分离。彻底实现网运分离后，配电网则呈现自然垄断属性，第三步既可以单独成立地方性的配电公司在政府监管下行使自然垄断的配电职能，也可以与输电网再结合形成规模更大的自然垄断企业，在政府监管下行使自然垄断的配电职能（网运分离后，售电业务类似于电信运营商面向消费者提供服务，配电网公司类似于电信行业的铁塔公司，为电信运营商提供基础设施服务）。网运分离后，售电业务全面形成竞争性市场化，则按市场规律进行运作。

电力价格形成机制改革是电力市场化改革的关键。要构建公平竞争、价格能反映供需变化的电力市场体系，实现各个市场互联互通、互补衔接，建立以市场为主要配置方式的电价形成机制，还电力以商品属性。

四、推进油气行业竞争性环节的市场化改革

油气行业竞争性环节的市场化改革，重点是推进以资源资产重组为抓手推进油气勘探开发环节开放，以引入多元主体为抓手推进石油储备“分层功能”体系建设，以区域竞争性天然气市场建设为抓手推进形成天然气“中国价格”。

（一）以资源资产重组为抓手推进油气勘探开发环节开放

作为全球第二大油气消费国和第一大油气进口国，促进国内油气勘探开发“有水快流”，稳住并提升国内产量，既是应对中长期油气消费占比逐渐下降、资源价值下滑的策略安排，又是面对近中期外部挑战、防范极端情况、维护能源安全的必然举措。在党的十九届五中全会公报中提出，“能源资源配置更加合理、利用效率大幅提高”。我国石油、天然气探明未动用储量约百亿吨，均掌握在几大国有石油企业手中。在当前国际油价大幅下滑情况下，企业亏损严重，扩产“有心无力”，而新进入主体“无米下锅”。建议以“重组资产、搭建平台、剥离油服”为抓手，推进勘探开发市场化建设，盘活百亿吨油气探明储量，将油气上游领域改革从“破除专营限制”推进到“矿权市场建设”阶段，释放改革红利，引入多元主体带动油气高效“上产”。

当前改革未能改变油气矿业权高度垄断局面。油气勘探开发市场当前改革聚焦于“破除专营限制”。2011 年起，原国土资源部组织涵盖页岩气、常规油气、煤层气等多资源品种的多轮区块竞争性出让试点，开始允许包括民营企业在内的社会资本进入油气勘探开发领域。在试点基础上，2019 年 12 月自然资源部印发《关于推进矿产资源管理改革若干事项的意见（试行）》，规定满足条件的内外资公司均有资格取得油气矿业权，标志着专营限制被逐步打破。当前油气矿业权依然高度垄断，新主体难以进入。

我国长期实行油气矿业权登记制度，“三大油”和延长石油通过“申请在先”的方式，无偿取得了大部分油气区块的探矿权。2020 年，“三大油”所属油气探矿权面积占全国的 96.4%，采矿权面积占比达到 98.6%。目前油气上游市场只放开了一半即勘探市场，而开采市场未放开，新进入企业实际上无法获得有效矿业权，勘探开发“无米下锅”。与此同时，低油价下，“三大油”、延长石油亏损严重，虽坐拥大量优质区块，但“有心无力”难以持续、大规模扩大投资，储量难以快速转化为现实产量。

勘探开发市场建设严重滞后是制约增储上产的“瓶颈”。当前改革尚未在促进提升产量、降低勘探开发成本方面显现成效，政府改革举措与市场需求出现一定程度脱节，难以达到“激励相容”。从市场建设要素来看，当前勘探开发市场缺标的物、缺矿权流转规则、缺第三方中介服务，同时地质资料不透明、缺公开信息，市场建设严重滞后，难以激发多元投资。一是“缺标的物”，市场可供交易油气资源区块少、品质差。截至 2019 年底，除“三大油”和延长石油之外的企业获探矿权 89 个、4.07 万平方千米，采矿权 9 个、627 平方千米。以上述通过竞争性出让获取的区块面积占总量之比作为市场化程度的指标，则探矿权市场化程度为 1.3%，采矿权市场化则仅为 0.4%。且在公开交易区块中，油气勘探发现少，很多区块已被放弃，反映出区块品质差。二是“缺规则”，油气矿业权流转市场化规则尚未建立。油气领域除矿业权转让有专门法规外，变更、出租、抵押等基本权利运行都存在障碍，缺乏法律支持和具体操作程序。其他矿产已经全面推行市场化流转体系，油气仍仅在试点探矿权（增量部分），影响最大的存量采矿权流转仍未破冰。三是“缺中介”，储量评审、矿业权评估发展滞后，难以满足市场化交易要求。四是“缺信息”，地质资料不透明、公开信息少抬高行业总体成本。由此导致市场“缺多元主体”，无可吸引投资的合适资源区块及相关操作规则和配套服务，自然难以激发多元投资，难以吸引新主体进入。

以市场化方式重组主要油气企业上游资源资产，组建国家级油气资源经营公司。落实油气“上产”要求，现有百亿吨探明未动用储量是最现实的增产基础。从国际经验看，综合开发需求、保有成本等多因素考虑，国际石油公司一般不追求保有大量探明储量，储采比一般控制在较低水平，保证较高的生产运营效率。对比之下，我国石油企业掌握大量未动用资源，但资源利用效率偏低，在一定程度上影响了国内产量提升。主要石油企业油气矿业权属于国有资产，推动油气探明储量市场化流转，需确保国有资产保值增值，同时也考虑对资本市场影响。参考国家石油天然气管网集团有限公司组建模式，在保证正常生产经营前提下，主要石油企业部分探明未动用储量经过市场化评估，通过资产重组等途径入股组建国家级油气资源经营公司。新成立的公司负责所属国有油气资源矿权的运营管理，通过公开招标等市场化方式，加大油气区块市场投放力度，促进矿权市场化流转，以油气资源资产化盘活存量资源、促进国内产量提升。同时，相关收益归属作为股东的三大石油企业，助力企业生产经营。以中国石油为例，截至 2019 年底，石油、天然气证实储量合计达到 19959. 3 百万桶（油当量），约合 27. 2 亿吨，对应油气资产达到 8318. 14 亿元。若考虑 10%的储量进行市场化资产重组，盘活公司资产的同时，可有效支持本公司油气增储上产的投入。

建设全国统一油气矿权交易市场平台，建立起油气矿业权转让市场。矿权交易平台作为政府指定主体，负责国有石油公司油气探明储量公开交易工作，承担制定市场规则、防范交易风险、维护市场交易秩序等职能。在此基础上，基于经济价值评估，探索体制内外矿权流转，构建油气矿业权转让二级市场。通过竞争新获得探矿权在一段时间内（5～10 年）不得转让，避免投机炒作。与此同时，针对国有石油公司仍掌握的大量区块，鼓励主要石油企业内部的矿业权流转，推进主要石油企业之间的油气矿权流转，鼓励采用不同思路和方法勘探开发油气。

剥离并独立油气田生产服务公司，完善油服市场。培育独立的油服企业和市场，既是推动石油企业“瘦身健体”、落实聚焦主业任务的现实举措，也是构建勘探开发市场的必然要求。一是推进石油企业主辅分离，剥离油气勘探开发工程技术服务业务，培育具有国际竞争力的油田服务企业，同时降低石油企业成本，增强其竞争力。二是构建面向所有矿业权人的油气勘探开发工程与技术服务市场。要求国有油气工程与技术服务企业面向所有矿业权人提供公平、公正、公开服务，同时创造公平竞争环境，民营油气工程与技术服务企业向所有矿业权人提供服务。

（二）以引入多元主体为抓手推进石油储备“分层功能”体系建设

石油安全始终是国家能源安全的核心。加快完善石油储备体系建设，是贯彻落实中央“六保”任务，应对国际复杂形势和激发国内市场活力的重要举措。目前，油价相对较低节约了采购成本，同时以《能源法》为引领的法律法规制度建设正在加速推进，激发民营经济活力以及推动垄断行业市场化的改革共识已经形成，石油储备面临增储“黄金期”和改革“机遇期”，应把握良好时机加快完善我国石油储备体系建设。建议以明确“分层功能”，实现不同状态下储备功能为核心，以引入多元主体增加储备规模、发挥储备引导市场预期作用为重点，逐步实现多主体、多层次、多品种储备，将石油领域市场化改革向纵深推进。

以改革引入多元主体增加储备规模，构建多层次储备体系。根据国内外储备发展趋势，我国石油储备应着力构建由政府储备与企业储备（含企业社会责任储备和生产经营库存）组成的储备体系，建立起政府储备与企业储备统一调度、协调配合的管理体系，共同维护石油安全。在企业储备建设方面，发展方向是建立统一协调的社会库存管理体系、建立企业社会责任储备，关键是以体制机制创新吸引多元主体参与储备体系建设。石油储备不是简单的收储和低买高卖，只有包括进口、储存、运输、炼化、批发、零售、出口等实现链条化、产业化、市场化，多元主体才能有信心、有动力进入这个行业，才能真正发挥市场化作用推动行业高质量发展。一是逐步打破垄断，推动石油产业向市场化产业链转变，国家层面在流通、进出口等关键环节允许多元主体市场化运作，企业层面逐步实现主辅分离，探索拆分剥离相关企业、增加市场主体。二是鼓励外资、民企等在国内建设储油设施，作为产油国石油公司向我国及周边国家地区售油的仓储地；与“一带一路”、上合组织相关国家和地区加强石油储备方面的合作。三是发挥我国最大买家市场优势，提升石油贸易话语权和“走出去”质量，以此次产油国着力争夺市场份额为契机，统筹石油贸易布局，以适当调整进口来源为抓手，适时提出推进以国内原油期货价格计价、以人民币结算等方面诉求。

加快完善石油储备制度，更好发挥储备引导市场预期作用。以制定《能源法》《国家石油储备条例》为契机，完善我国石油储备制度。一是要给市场化运作留出充足空间，对石油储备的管理体制、方式、资金筹措、轮换动用、监测统计等予以明确，完善多层次储备体系。二是尽快建立健全储备动用机制，开展全国及区域性的石油安全应急反应演习和石油储备测试性动用，并探索主动影响国际石油市场的策略。三是建立完善运行机制，明确政府储备收储、轮换、动用条件，可以先行试点，逐步完善相关机制。特别是要构建企业灵活储备的机制，低油价时期在考核方面给企业“松绑”，对勘探开发的要求适当降低，使收储更为顺畅，同时对企业代储给予一定自主权，可根据市场波动决定买入卖出。此外，研究石油储备与上海原油期货联动机制。

促进多元投资保税油库建设，进一步完善我国石油储备体系。促进多元投资保税油库建设，是创新理念明晰不同状态下储备功能定位原则下，引入多元主体增加储备规模，构建多层次储备体系，更好发挥储备引导市场预期作用的重要抓手。一是促进多元投资保税油库建设是增加我国石油储备规模的现实举措；二是促进多元投资保税油库建设是构建我国多层次储备体系的必然选择；三是促进多元投资保税油库建设是进一步促进我国石油期货现货市场发展的有效手段，“保税库”可以为原油期货交易所的交割提供支持；四是促进多元投资保税油库建设是进一步推进油气行业对外开放的重要选项。“一带一路”石油输出国对于向中国出售原油迫切性非常强烈，引入国内外多元主体投资建设保税油库、进一步推进油气行业对外开放具有强大市场推动力。多元投资主体保税油库建设将有效引入竞争，促进油气仓储行业效率提升。

（三）以区域竞争性天然气市场建设为抓手推动形成天然气“中国价格”

我国有多个天然气生产或消费比较集中的地区，交易规模大，因此可以考虑在气源多、基础设施较为完善、配套条件好的省份率先试点建设竞争性市场。作为天然气交汇枢纽的京津冀地区可以建设基于物理枢纽的区域天然气交易市场，而作为主要天然气消费区的浙江省可以建设基于虚拟交易枢纽的区域市场，尽早形成与国际接轨并被国际接受的市场化价格指数。

试点建设京津冀区域交易枢纽。河北永清是陕京管道干线和储气库系统的重要连接点，陕京线等 8 条管道在此汇集、联结，同时也可通过相关管道与西气东输、中俄东线相连，是北京、天津、河北的天然气市场最重要交割点，也是中国北方地区的天然气汇聚地，是一个比较典型的物理枢纽，能够支撑一定规模的天然气交易量。将京津冀天然气市场整个划入永清枢纽范围，区域内实行均一管输价格，消除运距因素造成的市场碎片化，也有利于新进入的主体掌握交易规则。永清枢纽既可以是京津冀天然气市场的交割点，也可以是上海石油天然气交易中心、渤海大宗商品交易所、大连商品交易所等交易中心/交易所以及其他现货或期货交易所的交割地。该区域还可进一步纳入安平、天津等次一级的天然气交易枢纽。通过永清交易枢纽，京津冀地区的自产气、鄂尔多斯气、新疆气、山西煤层气、大唐煤制气，和来自中亚以及俄罗斯的管道气，以及进口的 LNG 进行充分的竞争，形成富有竞争力的中国北方区域天然气市场。

试点建设浙江虚拟交易枢纽。目前浙江省已经建成全省环网相对完善的基础设施，使网上任何一点都可以成为全国的虚拟平衡点。同时，浙江省正在建设和规划建设的 4 条周边省市连接线。此外，浙江省已经存在多气源供气结构，目前共有 13 个注气点，日后有更多的 LNG 接收站附属管线的接入。建设基于虚拟枢纽的区域市场，核心是将地方管网按照国家油气管网独立的模式进行所有权拆分，实现管输和销售分开，所有基础设施均能够实现第三方公平准入，同时明确试点区范围（按行政区划较为简单易行），设定进气口与下气口，管输费可以按照进口/出口设置，也可以采取邮票制均一收费。同时制定基于管网运营规则的市场准则，明确相关方责权利，实现与国家油气管网的无缝对接。浙江省实行多年的“统购统销”，可以鼓励浙江省天然气管网公司按照网销分离的原则，将原来的天然气销售批发功能剥离，并转移到天然气交易平台上，由买卖双方在平台上达成交易。同时，参考欧盟区域市场“入口—出口”模型，设定天然气资源进入浙江省管网的多个“入口”和交付用户的“出口”，将目前的统一管输费，改为按照入口和出口分别收费的新管输收费模式。依托浙江省自由贸易试验区的资源，结合虚拟交易枢纽开展能源金融服务，吸引符合条件的主体参与市场交易，逐步形成有国际影响力的天然气价格指数。

（四）加快推进油气行业政府管理方式变革

完善市场规则体系建设，推动管网公平开放。国家管网公司成立后，加快构建“全国一张网”，抓紧制定油气管网运营和调度规则，明确管容分配原则，完善各类社会资本共同参与的管网投资运营机制。推动地方管网与国家管网融合发展，积极引导和推进省级管网公司以市场化方式融入国家管网公司。完善管网公平接入机制，建立管输信息发布平台，实施第三方公平准入。加强管网运行和准入情况监管，确保国家管网公司聚焦主责主业，破除“统购统销”。制定合理的管道运输价格，科学确定管输计价标准，完善税收在地区间的分配办法。加强管网安全监督。

加强监管规范制度，深化下游油气竞争性环节改革。严格炼油技术标准和准入机制，加强行业监管。有序退出落后炼油产能，培育先进产能，实现产业转型升级，推动炼化行业高质量发展。规范石油进口动态管理制度，完善成品油进出口配额管理办法。加强国家石油储备建设，构建差异化多层次天然气储备管理体系，鼓励储气库投资主体多元化。完善城市燃气特许经营制度，促进天然气配售环节公平竞争。

“管住中间、放开两头”，深化价格改革。稳中求进放开竞争性环节定价，强化自然垄断环节定价。深化油气价格市场化形成机制，实行成品油市场定价模式，推进非民用天然气价格市场化，进一步完善居民用气的定价机制，保留政府在价格异常波动时的调控权。加快我国石油天然气交易平台建设，完善交易规则和信息公开机制，减少对国际价格的依赖，通过国内供需关系反映价格，逐步形成“中国价格”。

（五）时间表、路线图和里程碑

油气行业竞争性环节市场化改革的时间表、路线图和里程碑如表 7-1 所示。

表 7-1　油气领域重点环节改革时间表、路线图和里程碑

<table>
<tr><th>环节</th><th>2021 年</th><th>2022 年</th><th>2023 年</th><th>2024 年</th><th>2025 年</th></tr>
<tr><td rowspan="3">勘探开发</td><td colspan="2">组建国家级油气资源经营公司</td><td></td><td></td><td></td></tr>
<tr><td colspan="3">建设全国统一油气矿权交易市场平台</td><td></td><td></td></tr>
<tr><td colspan="5">剥离并独立油气田生产服务公司，完善油服市场</td></tr>
<tr><td rowspan="3">天然气市场</td><td colspan="3">建设京津冀区域交易枢纽</td><td></td><td></td></tr>
<tr><td colspan="3">建设浙江虚拟交易枢纽</td><td></td><td></td></tr>
<tr><td colspan="5">形成与国际接轨并被国际接受的市场化价格指数</td></tr>
</table>

续表

环节	2021 年	2022 年	2023 年	2024 年	2025 年
石油储备	近期从快加强政府储备建设，建立健全石油市场预测与安全预警机制				
	加快完善石油储备制度，更好发挥储备引导市场预期作用				
	以改革引入多元主体增加储备规模，构建多层次储备体系				

五、推进电力行业竞争性环节的市场化改革

电力行业竞争性环节主要集中于发电侧和售电侧，建立充分竞争的电力批发市场和零售电市场是我国电力系统效率提升、供能成本持续降低的核心，同时，破除电网垄断制约又是实现发、售真正市场化的关键，另外建立完善的多级市场体系和要素市场化配置是电力领域竞争性环节市场化的有力支撑，全面有力的市场监管又是实现市场化的重要保障。推进电力领域竞争性环节市场改革，需要做到“一分开，二加强，三完善”。重点任务包括以下六个方面：

（一）推动电网输配分开

1. 推动电网“输配分开”，创造公平竞争平台

重构电网组织模式，逐步推进电网输电、配电产权分离，打破电网行政垄断，破除发、售市场化障碍。建立公共服务型的输电企业，专门负责 220kV 及以上电网的经营和管理，锁定我国主干电网的安全稳定运行；以“准许成本+合理收益”为原则形成价格机制，还原自然垄断输电网公共服务属性，为各类型配售电企业提供公平无歧视接入。创建兜底型的配电企业，主要负责 110kV 及以下电网（部分大型城市可涵盖 220kV 电网）的建设和运维，承担边远地区配网建设、农网改造等政策性业务，保障我国既有配电网的稳定过渡和政策性配电

的可靠支持；同样兜底型配电企业按照“准许成本+合理收益”建立价格机制，对电力用户公平无歧视接入。推动发电企业、售电公司等多元市场主体成立竞争性配电公司，对增量配电网进行建设和管理，按照市场化价格运营。

2. 严格贯彻电力企业“主辅分离”，防范自然垄断企业伸手竞争性环节

严格执行电改“5 号文”“主辅分离”精神，清查电网企业包括设备制造、房地产、宾馆酒店等非电网资产，加快组织退出工作，促进电网真实成本厘清，防止电网企业利用市场力和资金优势进入电力竞争性环节，保障电气制造等领域公平、公正竞争。处理好退出部分不同类型人员用工关系的承接、薪酬机制与薪酬水平等问题，以切实按照相关法律法规政策规定，做好劳动关系、社会保险关系的转移、接续工作。

（二）在发电侧进一步引入竞争

1. 多途径培育市场主体，实现发电侧充分竞争

鼓励发电侧各类市场主体以多种形式参与电力批发和零售市场交易，推动可再生能源发电、燃气轮机发电机组、核电机组等发电企业全面参与电力市场交易，鼓励虚拟电厂企业、储能企业等新兴市场主体进入市场参与电力交易，充分激发市场竞争活力。制定公开透明的准入和退出机制，鼓励地方发电企业、自备电厂等广泛参与电力市场竞争，形成发电侧多元竞争的格局，在充分竞争中实现电力资源的优化配置。

2. 严格限制发电资源整合，防止地区垄断卷土重来

严格限制区域煤电资源整合，防止区域煤电资源过度集中形成新的区域垄断，背离电改“放开两头”的初衷；严格限制大型国有煤电企业整合，防止煤电企业依靠市场力操纵市场，阻碍电力市场健康运行；参考国际发展经验，随着风、光等可再生能源的快速发展，煤电企业应逐步向电力系统灵活性电源转型，主要盈利来源由电能量市场向辅助服务市场转

变。随着煤电外部成本的内部化，加快研究新形势下煤电企业监管机制，逐步将节能减排监管与市场相结合。

（三）推动构建购售电侧市场竞争格局

1. 推动配电网“网运分离”，建立电力购售市场竞争格局

加紧推动自然垄断的配电网与具有市场竞争的售电业务分离，建立电力购售市场竞争格局。配电企业统一管理配电网的建设和运维，负责配电网资产管理，既包含国有兜底型配电企业，也含有社会竞争性配电公司，都具有公共服务属性。售电企业承担配电网的购售电业务，负责管理配电网运营，鼓励社会资本广泛参与，充分释放购售电市场竞争活力，为电力用户提供价格低廉、满足不同偏好的电力供应，提升用户满足感。

2. 促进配电网逐步“盘活存量”，实现售电侧充分市场化

研究已建非政策性配电网产权出让机制，配电网企业以配电网资产为纽带，吸纳社会资本成立混改配售电公司，按照市场竞争性企业管理，混改配售电公司独立经营，不受配电网企业领导；通过配电网盘活存量，增加市场竞争主体，进一步激发市场活力。按照完善治理、强化激励、突出主业、提高效率要求，建立有别于国有独资、全资公司的混改配售电公司治理机制和监管制度，防止国有资产流失。

3. 推进电力交易机构与电网企业加快脱钩，保障市场交易独立性

加快推进电力交易机构股份制改造，进一步区分交易机构与调度机构的职能，加紧推动北京、广州两个跨省跨区交易中心合并，为跨区域、多品种、全国互联互通、互补互济的电力市场化提供基础支撑。加大电力交易专业人才引进，加强交易机构建设和提升运营水平，为电力市场化提供独立交易结算。

（四）建立基于多级市场体系的电价形成机制

1. 形成合理的多级市场体系，实现各类资源有效配置

加强电力细分市场的统筹设计，明确各类市场的功能定位，做好细分市场的有效衔接。电力中长期市场锁定电力交易主体，发挥规避市场风险的作用；电力现货市场作为市场化电力电量平衡的补充，通过运行与市场的耦合，主要发挥发现价格、完善交易品种的作用；辅助服务市场包含调频、备用等交易，主要保障电力系统安全可靠运行；电力容量市场定位引导中长期电力合理投资。通过建立多级电力市场体系，形成既能反映市场供需平衡变化，又能保障电力安全供应的市场化的电价形成机制（如图 7-1 所示）。

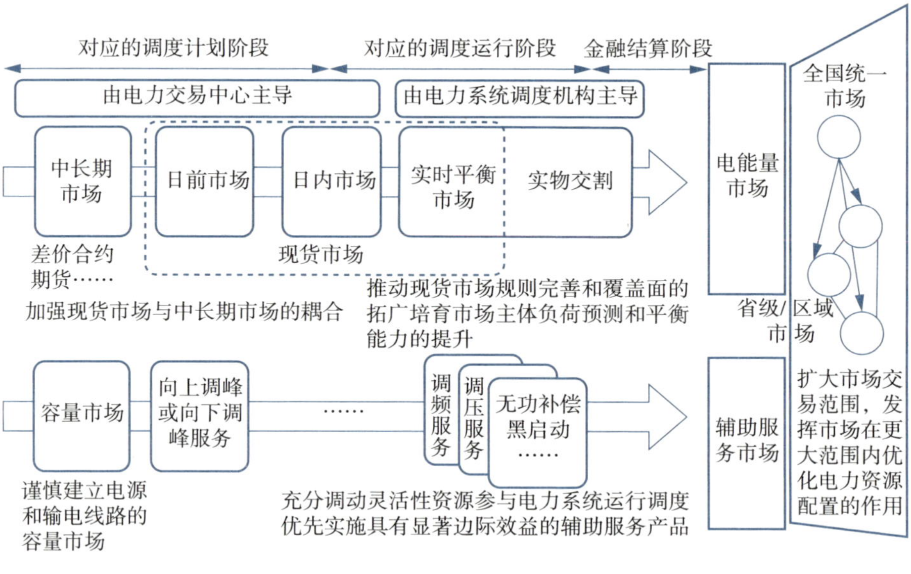

图 7-1　建设多级电力市场的设想

2. 完善电力现货市场，发现电力价格

坚持现货市场是各级市场核心纽带的地位，进一步完善电力现货市场规则，加紧现货市场试点工作的推进和总结，尽快在全国范围推广。扩展现货覆盖的市场主体和发用电品种，形成充分竞争的市场氛围，发现电力

价格，指导其他市场交易。提高现货市场的包容性和开放性，为不同发电技术提供更加公平非歧视的竞争环境，降低市场新主体、新技术类型的参与门槛。加强现货市场参与主体的风险意识，优化投资组合和出价策略，形成理性的投资和市场运行环境。

3. 建立电力辅助服务市场，形成辅助服务价格机制

进一步明确辅助服务保障系统安全、提升运行效率的功能定位，参考国际经验加快建设适合我国国情的辅助服务市场。充分考虑各类灵活性资源运行特性和地域分布，制定兼顾广泛性、有效性和可靠性的辅助服务规则。鼓励各类灵活性资源广泛参与辅助服务市场，通过市场发现辅助服务价格，完善电力辅助服务市场价格传导机制，辅助服务费用通过输配电价等方式疏导至全体电力用户。

4. 研究建立电力容量市场，引导中长期电力合理投资

参考部分发达国家电力容量市场平抑电价大幅波动的经验，加紧研究电源和输电线路容量市场建设机制，既要促进电力批发市场、辅助服务市场价格稳定，引导电力资源的中长期投资，又要避免过分强调电力安全，造成发电资源和输电资源过度冗余，导致系统经济性降低和电力用户费用过高。在现货市场建设较为成熟后，遵循循序渐进的原则可考虑研究建立电源和输电线路的容量市场试点，探索容量市场进一步优化资源配置的作用，待试点经验成熟后向全国推广。

5. 加强电力市场互联互通、互补衔接，充分发挥各级市场作用

发挥市场在更大范围内优化电力资源配置的优势，以全国各省区市全部实现电力市场化为中长期目标，推动省级电力市场互联互通、互补互济。推进省级电力市场和跨省跨区电力市场的建设，设计省级市场与全国市场的统一接口，构建可实现两级（或多级）电力市场的多类型、多品种的协同交易体系。推动中长期电能量市场由双边合同向差价合约、期货市

场等多种形式扩展，加强与现货市场的耦合与衔接，提升市场主体风险管控和规避的能力，增强电力商品交易的多样性、灵活性和流动性；加快现货市场从日前市场向日内、平衡市场扩展，加强现货交易与系统实时运行的衔接，提升系统的安全稳定性和运行效率。

（五）推动电力行业的土地、数据、资本等要素市场化改革

1. 推进土地要素市场化配置，降低电力非技术成本

伴随城乡统一的建设用地市场建设，结合电力行业特点和发展趋势，加快修改完善土地管理法实施条例，完善相关配套制度，促进电力领域土地要素优化配置；健全长期租赁、作价出资（入股）等用地市场供应体系，简化电网、风电、光伏等建设用地审批流程，促进电力领域非技术成本持续下降。

2. 加快培育数据要素市场，促进电力市场化提档加速

加快实现电力数据的分级分类管理，尽快明确电力生产、运行、管理和销售等类型数据的所有权、使用权、采集权、收益权、交易权等权利，重点划出边界和红线，为电力数据要素市场化保驾护航，杜绝公共资源浪费和私利化。结合培育数字经济新产业、新业态和新模式，探索电力数据在电力交易、辅助服务、发售电策略等领域的开发利用新场景，服务电力市场化建设。充分发掘电力数据价值，利用电力数据实时性优势，为政府机构经济运行监管提供强有力的手段。

3. 推进资本要素市场化配置，保障电力市场化健康发展

健全多层次资本市场体系，通过绿色金融等举措引导电力市场发展方向；逐步放宽各类资本准入条件，推进电力市场化环节形成多种所有制企业共同竞争的局面。鼓励商业银行采用知识产权质押、预期收益质押等融资方式，为电力技术成果转移转化提供金融产品服务，促进电力技术持续创新。

（六）完善政府管理和监管职能

1. 收回电网企业代行的政府行政权力，剥离电网企业行政垄断

政府主管部门要从电网企业收回规划编制、标准制定、并网准入规则制定、调度规则制定、交易规则制定等政策法规标准制定的职能，剥离电网企业行政垄断。输电网规划应由发展改革委联合各省级政府电力主管部门负责制定；电网相关标准由政府委托第三方机构制定，并由第三方检测机构执行；并网相关准入手续由各省级电力主管部门具体执行。

2. 加强政府对电力市场运行监管，保障市场公平有序发展

国家能源局负责对电网输电企业、兜底型配电企业进行监管。国家发展改革委负责研究建立自然垄断环节电价定价机制和竞争性电力市场的电力价格形成机制。国家市场监管总局负责对输电企业和兜底型配电企业的成本、收益进行监管，对配售电企业服务质量进行监管。

（七）时间表、路线图和里程碑

电力行业竞争性环节市场化改革的时间表、路线图和里程碑如表 7–2 所示。

2025 年前，完成电力领域竞争性环节市场化改革。通过多途径培育发电市场主体，实现发电侧多元竞争；完成电网“输配分开”“网运分离”，逐步实现非政策性配电网资产全面放开，推动购售电充分市场化；电力相关土地要素实现市场化配置，形成较为成熟的数据要素市场，资本要素市场化达成；全面完成电力交易机构与电网企业脱钩。完善的电力现货市场拓展到全国范围，建成电力辅助服务市场，中长期市场、现货市场、实时市场等多级市场全面实现互联互通、互补衔接；建成适合我国国情的容量市场；建立多级监管体系，实现对各类电力企业的有效监管。

表 7–2　电力领域重点环节改革的时间表、路线图和里程碑

<table>
<tr><th>环节</th><th>2021 年</th><th>2022 年</th><th>2023 年</th><th>2024 年</th><th>2025 年</th></tr>
<tr><td>发电</td><td colspan="3">加强发电侧多元竞争</td><td></td><td></td></tr>
<tr><td rowspan="5">输配</td><td colspan="5">推动输配分开</td></tr>
<tr><td></td><td></td><td></td><td colspan="2">促进配电网逐步“盘活存量”</td></tr>
<tr><td colspan="2">推进电力交易与电网加快脱钩</td><td></td><td></td><td></td></tr>
<tr><td colspan="3">建立电力辅助服务市场</td><td></td><td></td></tr>
<tr><td colspan="5">形成较为完善的政府监管</td></tr>
<tr><td rowspan="3">购售</td><td colspan="5">推动网运分离</td></tr>
<tr><td colspan="2">建立较为完善现货市场</td><td></td><td></td><td></td></tr>
<tr><td></td><td></td><td colspan="3">研究建立电力容量市场</td></tr>
</table>

六、政策建议和保障措施

（一）制定“十四五”时期推动能源行业竞争性环节市场化改革实施意见

党的十九届五中全会明确提出“推进能源、铁路、电信、公用事业等行业竞争性环节市场化改革”的要求，应贯彻落实党中央、国务院的决策部署，深入推进能源行业油气、电力等重点领域竞争性环节市场化改革，激发各类市场主体活力。

建议国家发展改革委和能源局牵头，会同有关部门研究制定“十四五”时期推动能源行业竞争性环节市场化改革实施意见，以推动竞争性环节市场化改革为核心，加快构建有效竞争的市场结构，能源行业竞争性业务全面推向市场，管网基础设施实现公平无歧视开放，竞争主体更加多元，准入机制不断完善，市场化程度显著提升。国家发展改革委、能源局要会同有关方面加强对意见实施情况的跟踪分析，结合年度工作进展对改革情况进行总结评价，适时组织开展督查评估，充分发挥专家和社会评价对推动能源行业竞争性环节市场化改革的引导作用。

（二）推进能源领域的土地、劳动力、资本、技术、数据等要素市场化改革

1. 深化油气、电力行业的土地要素市场化配置改革

在油气行业，我国油气矿权高度垄断局面尚未完全改变，矿权流转规则不明确，勘探开发市场可供交易的油气资源区块少、品质差，“三大油”和延长石油占有大量优质区块，但缺乏持续投资动力，导致我国油气储量难以转化为现实产量。在电力行业，以光伏、风电为代表的新能源行业发展中，用地审批困难，用地政策不够清晰明确，部分规定存在“一刀切”是行业用地面临的突出问题，用地难、用地贵也越来越成为影响行业发展效率的重要因素。接下来应进一步深化油气、电力等领域土地要素市场化改革，对油气行业，应加快建立油气矿业权流转的市场化规则，完善油气矿业权转让市场，针对国有石油公司掌握的大量区块应推进主要石油企业间的油气矿权流转，构建油气矿业权转让二级市场；对电力行业，应继续强化“光伏+农业、牧业、养殖业”等复合性项目的技术研究及标准制定，健全长期租赁、作价出资（入股）等用地市场供应体系，简化电网、风电、光伏等建设用地审批流程，进一步促进部门间土地管理政策融合协调，并增强能源发展用地与其他产业用地间的合理流动转换。

2. 深化能源领域劳动力要素市场化配置改革

能源领域的劳动力要素市场配置面临两方面难题：一是传统能源行业的劳动力再就业困难，在产业更替过程中，传统能源行业，如煤炭、煤电等产业规模萎缩，大量一般劳动力流出，当前职工安置大多由企业内部消化，但企业内部安置难度越来越大，造成了传统企业人员臃肿，从而也导致生产效率低、竞争力不足；二是高端专业化人才引进受体制束缚，由于没有完全实现市场化薪酬对标，一些能源企业在高端管理人才、技术研发专业人才、海外派驻人才引进等方面都缺乏竞争力，制约了企业的高水平

发展。

破解能源领域劳动力要素市场化障碍，一方面，对于传统能源行业流出的劳动力，要完善失业保险政策，开展再就业帮扶和托底帮扶工作，通过职业引导、职业介绍等多种途径，帮助产业更替中转出员工尽快实现再就业；另一方面，对于行业和企业发展所需的高端人才，应在人才管理体制机制上有所创新，改革薪酬体制，实现人才激励机制与人才市场竞争水平相衔接，并进一步畅通能源行业人才流通渠道，减少人才流入流出的体制性障碍。

3. 深化能源领域资本要素市场化改革

油气、电力领域资本要素配置面临的突出问题是国有企业资本运营效率总体偏低，与此同时民营企业、中小企业普遍存在融资难、融资渠道单一问题。一方面，油气、电力行业的国有企业规模较大，经营效率偏低，从盈利情况看，普遍不能达到国际平均利润水平；同时由于资产总量庞大、链条长、涉足业务多，存在资产流失、效率低下现象，这也造成了低效投资以及主业投入不足。另一方面，行业内中小企业由于资产规模小、缺少有效担保物等特点，往往较难获得贷款，同时风险投资、私募股权投资、融资租赁、碳金融等融资方式在国内应用较少，中小企业的融资渠道有限，延缓了行业发展速度。

下一步应继续深化油气、电力等领域资本要素市场化配置改革，首先，应减少对于行业内国有企业的政策优惠，并对于企业政策性、社会化职能做清晰划分，给予企业更多生产经营自主权的同时，对其参与市场公平竞争进行严格监管；其次，多种渠道促进新能源行业中小企业融资，在直接融资方面为符合绿色发展方向的投资提供优惠政策，在间接融资方面，政府可为符合绿色发展方向的能源企业提供一定担保，助推社会资本、银行更好支持能源行业的民营企业、中小企业发展。

4. 发展能源技术要素市场

能源技术复杂程度高、专用性程度高，交易制度不完善、交易成本高阻碍了能源技术的转移和扩散。以油气、电力行业为例，企业、实验室、高校、专业技术服务公司等都是技术创新的来源和技术的持有者，能源技术供需双方组织类型复杂、数量大，供需双方难以挖掘出各自所需信息，对于企业而言，由于担心技术转移而威胁竞争优势，普遍缺乏技术转移动力，对于实验室、高校等非营利性机构而言，科研人员激励等制度规定都对技术扩散的效率有影响。

因此，在能源技术要素的流动上应进一步发挥市场导向作用，首先，应培育石油、电力等技术市场的专业化服务机构，以提供如相关法律咨询服务、资产评估、技术经纪等专业化技术服务；其次，对于技术研究机构应加强科研成果产业化的意识，对于企业来说，应鼓励具有行业整体效益且对企业自身竞争力不构成威胁的技术以低成本转让或逐步实现开放共享，从而实现技术商品的效用最大化。

5. 培育能源数据要素市场

目前能源领域数据要素还没有形成市场，开放共享的程度也较低。例如，油气地质数据不透明、公开信息少，抬升了油气开发行业整体成本；电力消费数据公开程度不够，数据在产业研究和城市治理中的巨大价值没有得到有效发挥。能源数据要素流动和应用的主要障碍在于数据集中在少数单位或部门，不同部门之间、管理部门与企业间数据交互难度大，数据资源的所有权、收益权缺乏明确规定。逐步培育数据要素市场，应分步骤实施，首先，应推动能源领域数据开放共享，明确能源生产、运行、管理和销售等类型数据的所有权、使用权、采集权、收益权、交易权等权利，区分性质，划定边界，避免公共资源浪费和私利化，以此来促进能源数据更大程度开放，发挥能源数据在经济社会发展规划研究、产业发展引导、社会治理、城市治理、预测预警、应急防范等方面的价值。其次，在加强数据资源整合和安全保护的同时，探索能源数据市场交易的可行性，逐步培育数据要素市场。

（三）深化国有企业改革，消除国有企业在能源领域关键环节更好参与市场竞争的各种束缚

1. 围绕服务国家战略，进一步推动国有资本的布局优化和结构调整

国有能源企业应聚焦主业主责，向关系国家安全、国民经济命脉的关键领域环节集中，真正起到抵御宏观风险的托底作用。除国家油气管网、输电网等自然垄断环节外，全面参与能源领域竞争性环节的市场化竞争。加快剥离非主营业务和低效无效资产，深入推进“僵尸企业”处置工作。提升自主创新能力，加大研发投入，完善协同创新体系，在关键核心技术攻关、科研成果转化应用等方面有更大作为，更好发挥在畅通产业循环、市场循环、经济社会循环等方面的引领带动作用，带动民营企业、中小企业协同发展。

2. 完善现代企业制度，健全国有企业市场化经营机制

按照适应市场化要求，进一步改革完善国有企业经营管理制度。强化企业市场主体地位，切实维护企业法人财产权和经营自主权。对标世界一流企业，推进管理流程再造。大力推行经理层成员任期制和契约化管理，实现市场化选聘、契约化管理、差异化薪酬、市场化退出。全面推进用工市场化，完善市场化薪酬分配机制，推动薪酬分配向作出突出贡献的人才和一线岗位倾斜，支持探索超额利润分享机制、骨干员工跟投机制，实施更加多样、更加符合市场规律和企业实际的激励方式。深入推进厂办大集体改革，完成退休人员社会化管理主体工作，全面解决剥离企业办社会职能、历史遗留问题。

3. 深化混合所有制改革，建立健全与其他市场主体的良性合作竞争机制

牢牢把握混合所有制改革方向，重点推进国有资本投资、运营公司出资企业和商业一揽子企业混合所有制改革。根据不同企业功能定位，合理设计和调整优化混合所有制企业股权结构。集团公司要对国有相对控股混合所有制企业实施更加市场化的差异化管控，推动建立灵活高效的市场化经营机制。加强对混合所有制改革全过程的监督，坚决防止国有资产流失。建立市场化的合作机制，严格履行与民营企业签订的合同，彻底解决合同款拖欠、设置霸王条款等问题。

4. 加快形成以管资本为主的国有资产监管体制

进一步深化国资委职能转变，把监管重点聚焦到管好资本投向、规范资本运作、提高资本回报、维护资本安全上来，新形势下要特别强调国有资本在绿色低碳发展、生态环境保护领域的监管要求。优化管资本的方式手段，对不同功能定位、行业领域、发展阶段的企业，实行差异化的分类考核、分类监管、分类授权放权。充分发挥国有资本投资、运营公司在授权经营、结构调整、资本运营、激发出资企业活力和服务实体经济等方面的功能作用。

（四）进一步消除民营企业全面参与能源领域关键环节市场竞争的障碍

1. 全面放开能源领域竞争性环节准入

在电力、石油、天然气等重点行业和领域，放开竞争性业务，进一步引入市场竞争机制。加快电网企业剥离装备制造等竞争性业务，推动油气基础设施向各种所有制企业公平开放。支持民营企业以控股或参股形式开展发电、配电、售电业务，支持民营企业进入油气勘探开发、炼化和销售领域，建设原油、天然气、成品油储运和管道输送等基础设施。相关行业

领域职能主管部门要研究制定民营企业分行业、分领域、分业务市场准入的具体路径和办法，明确路线图和时间表。

2. 全面建立公平竞争的有效市场环境

全面落实放宽民营企业市场准入的政策措施，持续跟踪、定期评估市场准入有关政策落实情况，全面排查、系统清理各类显性和隐性壁垒。深化要素市场化配置体制机制改革，健全市场化要素价格形成和传导机制，保障民营企业平等获得资源要素。持续清理和废除妨碍统一市场和公平竞争的各种规定和做法，加快清理与企业性质挂钩的行业准入、资质标准、产业补贴等规定和做法。推进产业政策由差异化、选择性向普惠化、功能性转变。破除招投标隐性壁垒，对具备相应资质条件的企业，不得设置与业务能力无关的企业规模门槛和明显超过招标项目要求的业绩门槛等，完善招投标程序监督与信息公示制度。

3. 全面落实鼓励和支持民营企业发展的各类政策

切实落实更大规模减税降费，实施好降低增值税税率、扩大享受税收优惠小微企业范围、加大研发费用加计扣除力度、降低社保费率等政策，实质性降低企业负担。加快研究解决可再生能源企业的补贴拖欠问题。建立完善监督检查清单制度，落实涉企收费清单制度，清理违规涉企收费、摊派事项和各类评比达标活动，加大力度清理整治第三方截留减税降费红利等行为，进一步畅通减税降费政策传导机制，切实降低民营企业成本费用。支持民营企业参与国有企业改革。引导中小民营企业走“专精特新”发展之路。鼓励民营企业独立或与有关方面联合承担国家各类科研项目，参与国家重大科学技术项目攻关，通过实施技术改造转化创新成果。各级政府组织实施科技创新、技术转化等项目时，要平等对待不同所有制企业。加快向民营企业开放国家重大科研基础设施和大型科研仪器。在标准制定、复审过程中保障民营企业平等参与。系统清理与企业性质挂钩的职称评定、奖项申报、福利保障等规定，畅通科技创新人才向民营企业流动渠道。在人才引进支持政策方面对民营企业一视同仁，支持民营企业引进海外高层次人才。

（五）健全关键环节的市场监管职能和监管能力

1. 以垄断环节垄断行为监管作为能源监管的核心任务

随着能源领域市场化改革的持续推进，电网输配、油气管网输送环节仍具有垄断性质，应强化对其监管，防止垄断行为导致的“市场失灵”问题。为此，应继续加强电力调度、交易、服务与市场秩序监管，促进电网公平开放和可再生能源消纳。加强油气管网设施公平开放监管，推进油气管网设施企业信息公开，提高油气管网设施利用率。加强价格与成本监管，对电网、油气管网投资行为、成本及投资运行效率实施强监管，促进企业降本增效，有效降低实体经济用能成本。

2. 强化公平竞争、诚实守信的能源市场秩序监管

在试点实施电力业务许可信用监管的基础上，逐步加强能源行业信用监管体系建设，建立以信用为核心的新型监管机制，依法依规建立“黑名单”制度，促进形成公平竞争、诚实守信的市场环境和行业氛围，坚决避免“逆向淘汰”现象。全面推行“双随机、一公开”监管，提高监管公平公正性；畅通“12398”能源监管投诉举报热线，发挥社会监督作用。

3. 对新改革、新业态、新模式实施包容审慎监管

对能源领域关键环节市场化改革在体制机制创新、系统性创新和改革的尝试，要有容忍性，允许试错，坚决避免“一棍子打死”。针对能源变革背景下涌现出的新模式、新业态，应坚持包容审慎，促进新动能发展壮大。

（六）建立健全市场信号引导机制帮助企业形成稳定市场预期

建立健全市场信号引导机制，旨在更好发挥有效市场和有为政府的积极作用，帮助能源企业形成稳定的市场预期，助力打造健康稳定的能源市场。就引导机制而言，具体可从四个方面推进。

一是强化能源战略规划、能源政策等方面形成明确的引导作用，为能源领域市场化改革深入和能源市场健康稳定运行提供必要的前瞻性、宏观性和战略性指引，避免能源市场主体看不清方向、把不准节奏而形成的盲目或观望。同时，在能源战略规划、能源政策制定过程中，要让能源市场主体更多地参与，并建立市场主体反馈意见和诉求的机制。

二是建立稳定市场预期的政策长效机制，统筹好长期能源战略与短期能源政策的关系，针对暂时性、突发性问题出台的短期政策，不应与针对整体性、宏观性、根本性问题的长期政策相违背、相矛盾，要创造长期稳定的政策环境，确保政策的延续性，避免政策频繁变动对能源市场造成干扰、冲击和扭曲。

三是建立健全能源信息共享平台和规范的能源信息披露发布机制，推进能源领域关键环节信息资源整合，畅通信息交换获取渠道，降低信息不完备性和不对称风险，避免能源市场大起大落。

四是厘清能源领域关键环节的市场价格传导，依托通畅的价格传导渠道，完善主要由市场形成的价格发现机制，促使市场价格信号真正发挥资源配置的主导作用，促进优胜劣汰。

参考文献

[1] 国务院．电力体制改革方案（国发〔2002〕5号）[Z]. 2002.

[2] 中共中央，国务院．关于进一步深化电力体制改革的若干意见（中发〔2015〕9号）[Z]. 2015.

[3] 中共中央，国务院．关于新时代加快完善社会主义市场经济体制的意见 [Z]. 2020.

[4] 中共中央，国务院．关于构建更加完善的要素市场化配置体制机制的意见 [Z]. 2020.

附录

电力现货市场建设试点调研报告

电力现货市场是电力各级市场的核心纽带，课题组通过实地调研和信息收集整理，分析了我国八个现货市场试点试运行与试结算总体进展，总结了现货市场试点的市场规则和试结算机制，较为系统地评估了八个现货试点的试运行情况，总结了我国开展电力现货市场的经验，发现了试点工作推进过程中存在的问题，研究提出了我国进一步完善电力现货市场建设的思考与建议，为进一步深化电力行业市场化改革提供参考。

一、电力现货市场试点建设的背景

为贯彻落实《中共中央　国务院关于进一步深化电力体制改革的若干意见》（中发〔2015〕9号）精神，加快建设完善电力市场体系，按照《关于推进电力市场建设的实施意见》，2017年8月，国家发展改革委办公厅和国家能源局综合司联合发布《关于开展电力现货市场建设试点工作的通知》，选择南方（以广东起步）、蒙西、浙江、山西、山东、福建、四川、甘肃等八个地区作为第一批电力现货市场试点。

根据试点工作通知要求，各试点地区应围绕形成日内分时电价机制，在明确电力现货市场优化目标的基础上，建立安全约束下的电力现货市场出清机制和阻塞管理机制。组织市场主体开展日前、日内、实时电能量交易，实现调度运行和市场交易有机衔接，促进电力系统安全运行、市场有效运行，形成体现时间和位置特性的电能量商品价格，为市场主体提供反映市场供需和生产成本的价格信号。

电力现货市场是新一轮电力体制改革的重要任务，是深化电力体制改革中电价形成机制的重要依托。为全面了解各电力现货市场试点的相关情况，课题组先后实地调研了广东、山东、浙江和甘肃四省现货市场试点，与蒙西、山西、福建和四川能源主管部门负责人员在京就电力现货市场试点也开展了广泛研讨，了解了试点基本情况、市场规则和试结算机制等。

二、试点进展和分析

2017年8月启动电力现货市场试点工作以来，电力现货市场试点建设工作已取得阶段性成效。各个地区电力现货市场试点基于自身条件，因地制宜地制定了差异化的市场规则。2018年8月，南方区域（以广东起步）电力现货市场率先投入模拟试运行，其余试点陆续投入模拟试运行，截至2019年6月底，八个电力现货市场试点均进入模拟试运行阶段。2019年5月，南方区域（以广东起步）电力现货市场试点在全国率先开展两轮结算试运行；截至2019年9月底，山西、甘肃、浙江、山东、福建等试点均陆续开展了为期一周的连续结算试运行（见附图1）。

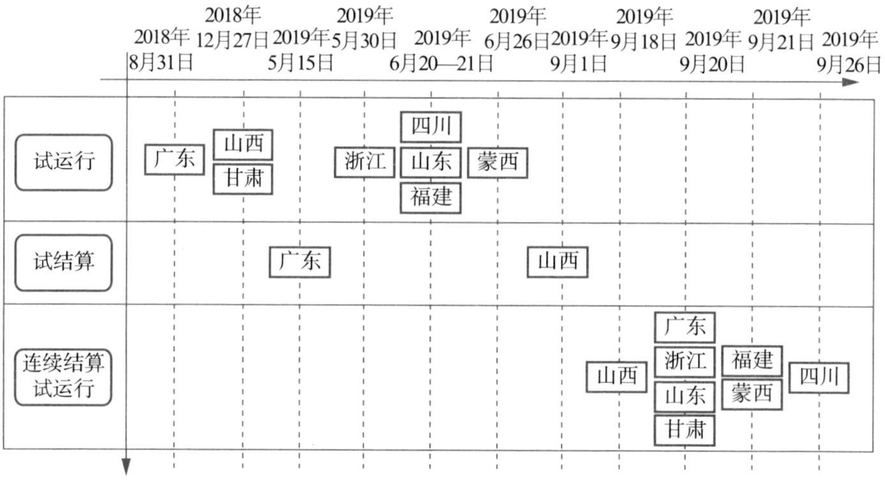

附图1　电力现货市场试点试运行与试结算总体进展情况

为全面了解电力现货市场试点的相关信息，主要从试点地区电力行业现状、电力现货市场试点相关规则、试点首次试运行情况等三方面进行了调研。各试点的情况如下。

（一）试点地区电力行业现状

电力供需情况方面，广东、浙江和山东是典型能源受端地区，其中，广东和浙江外来电占省内负荷的比重较高，达 30%左右。四川和蒙西则是典型能源送端地区，2018 年四川全口径外送电量 1333. 25 亿千瓦时。

不同电源占比方面，五个试点地区电源类型均多样化，包括煤电、气电、水电、光伏和风电等。其中，广东、浙江、山东和蒙西都以煤电为主；四川则以水电为主。此外，相较于其余四个试点地区，蒙西光伏和风电的占比较高，2018 年 6 月底占比为 35. 13%。

电网阻塞情况方面，广东电网阻塞较为严重，粤东西北地区送出断面阻塞频繁发生。山东、四川和蒙西电网阻塞在负荷高峰时常发生在部分区域间断面处；浙江电网阻塞常发生在浙北、浙南和浙中三个区域联络线。

电网调峰方面，由于可再生能源占比较高（如蒙西）、高比例的水电无法参与调峰（如四川）、较高比例的外来电无法参与调峰（如浙江和广东）等因素，多数试点地区调峰资源并不充裕。

市场实践经验方面，试点地区均开展了以年度、月度为主的中长期电量交易，积累了较为丰富的市场建设经验。相较于其余试点地区市场化交易电量占全社会用电量比重的 30%左右，2017 年蒙西市场化交易电量占网内总售电量的比重达 71%。此外，在电力现货市场建设实践方面部分试点地区已经开展，浙江省在 2000 年投运的发电市场运行三年，蒙西在多边交易的基础上于 2017 年底探索了以日前为周期的新能源替代燃煤自备电厂的交易。

市场主体成熟度方面，虽然试点地区均允许售电公司和大用户参与中长期交易，但以电量为标的的交易与现货交易仍相距较远，用户和售电公司市场主体成熟度有待提高。不过，现阶段广东已经开展现货市场试运行并进行试结算，蒙西则由于中长期交易占比较高并且已经探索了新能源替代燃煤自备电厂的交易，市场主体的市场意识取得了一定提升。

市场建设目标方面，各试点地区的目标可归结为还原电力商品属性、发现电力价格信号、赋予市场主体自主选择权、促进清洁能源消纳等。调度方式方面，当前各试点地区都采用集中调度的方式，由调度机构统一确定机组组合和日发电计划。

（二）电力现货市场试点相关规则

1. 市场模式

选择合理的电力现货市场模式是构建科学有效的电力现货市场体系首要环节。根据现货交易与中长期交易的协调方式，本轮电力体制改革可选择的现货市场模式主要包括以中长期物理合约为主的分散式市场和以电力库竞价交易为主的集中式市场（见附图2）。集中式市场是指买卖双方的报价与物理交易均需要通过电力库进行，系统运行机构根据发用双方的报价情况采用全电量集中优化出清并统一安排调度计划。集中式市场下，发用双方所签订的合约一般为金融性质的差价合约，仅用于金融结算，无须物理交割，一般情况下也无须提交给调度机构进行安全校核。相反，分散式市场则更强调电力商品交易的流动性，允许发电商与用户自主签订双边合约，独立决定电力的成交数量及价格。分散式市场下，发用双方签订的合约以物理合约为主，在现货市场开展前，市场主体需要根据所签订的物理合约自主安排发用电计划并提交给调度机构。市场主体提交发用电计划造成的偏差，由电力调度机构运用实时市场的平衡机制来解决。

从市场模式看，既有采取分散式的省区，也有采取集中式的省区。

（1）分散式：八个试点省区中采取分散式市场的有福建、蒙西，中长期交易合约电量均分解到日曲线进行物理执行。其中，福建采取固定典型曲线分解，蒙西采用负荷侧典型曲线分解。

（2）集中式：广东、山东、浙江、甘肃、山西、四川六省现货市场模式采取集中式，中长期交易合约转为金融性质，仅作为结算依据。其中，政府授权合约等优先发电电量在山西、四川、甘肃三个省物理执行，其余省区采用差价合约结算。

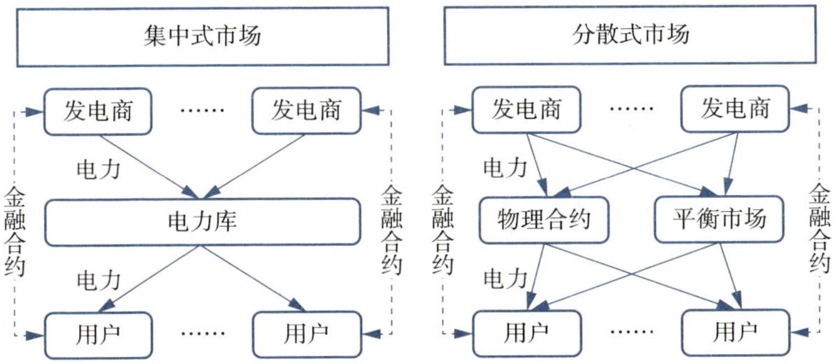

附图 2　集中式市场与分散式市场的比较分析

2. 现货电能量市场

（1）市场空间。八个试点地区对省内现货市场空间进行了规定：一是中长期市场，省间交易优先组织、优先出清，结果作为省内市场的边界条件；二是现货交易中，山西、四川、甘肃规定省内日前现货市场预出清，确定省内开机方式和发电预计划，在此基础上参与省间交易，省间交易优先安排并结算。

（2）申报方式。作为现货市场的重要主体，电力用户或售电主体参与市场方式的设计对于市场主体的培育、市场建设的有序推进都发挥着重要的作用。用户参与现货市场方式主要取决于报价方式，包括单边报价和双边报价两种。单边报价只需要发电商向市场提交供给曲线，市场出清时采用负荷预测确定每台机组的发电计划和市场价格。单边报价模式下，用户作为价格接受者，在具体实施时较为简单，不过割裂了需求与供给的关系。双边报价要求发电商和用户需要分别向市场提供供给曲线和需求曲线，在没有阻塞的情况下，供给与需求曲线的交点即为市场出清价格。

各试点地区发电侧均按出力区间非递减报价；用电侧福建、甘肃、蒙西不参与报量报价，其他省仅报量均不报价。

（3）价格出清机制。电价制定事关民生问题，牵一发而动全身，对于社会稳定和公平都有重大影响。现货市场环境下，电价采用随时间变化的实时电价，并且根据阻塞程度的不同，典型电力现货市场的定价机制可分为统一电价、区域电价和节点电价三类，其中采用节点电价的典型区域主要包括美国、新加坡和新西兰等；采用区域电价的典型区域主要有北欧和澳大利亚等；采用统一电价的典型区域有英国。需要说明的是，此处的定价机制主要指发电侧电价，对于用户侧，不同市场主体的电价形式不同。以美国得克萨斯州市场为例，直接参与市场的大用户和售电公司主要采用区域或者系统内节点电价的加权平均；居民用户采用与售电公司协商、州政府审批的方式确定电价，如分时电价、阶梯电价等。

八个试点地区均采取“集中竞价、统一出清”方式，但出清模型各不相同。发电侧电价出清机制在福建、蒙西、四川三个地区市场采取系统边际电价出清，广东、浙江、山东、山西四个省市场采取发电侧节点边际电价。用户侧电价出清机制在山西、山东、浙江、广东四个省市场采取用户侧节点加权平均电价，福建、蒙西两个地区用户不参与市场报价，四川市场用户接受日前出清电价，甘肃市场用户按分区边际电价最高价进行结算。

（4）出清周期与限价。浙江市场日前采取 30 分钟为一个出清时段，实时市场 5 分钟为一个出清时段；其他地区日前和实时市场均以 15 分钟为一个出清时段，其中，蒙西设置了 4 小时一个交易时段，15 分钟一个出清时段的日内市场。

八个试点地区均对现货市场申报价格或出清价格进行限价（见附表 1）。

附表 1　八个电力现货市场的市场化限价

试点地区	市场限价
山西	煤机标杆电价的 0~2 倍（664 元/兆瓦时）
山东	申报限价区间 0~1000 元/兆瓦时；出清限价区间 80~1200 元/兆瓦时
浙江	申报限价区间 0~800 元/兆瓦时
福建	限价区间 30%~130%煤机标杆电价
四川	弃水期水电限价不超过 316 元/兆瓦时；非弃水期水电限价为 361.3~441.3 元/兆瓦时

续表

试点地区	市场限价
甘肃	申报限价区间 50~360 元/兆瓦时
广东	申报限价区间 0~665 元/兆瓦时；出清限价区间 70~1000 元/兆瓦时
蒙西	火电机组同一电力申报买入卖出价格差值不超过 150 元/兆瓦时；新能源不超过 50 元/兆瓦时

（5）关于新能源、水电、核电等电源类型参与方式。八个试点地区根据装机结构分别对新能源、水电、核电、储能机组和供热机组的市场参与方式做出了规定（见附表 2）。

- 山西：供热机组、必开机组最小出力以下部分不参与市场，水电、抽蓄、燃气、煤层气和自备机组不参与市场，新能源优先出清，只申报 96 点发电预测曲线不申报电价。
- 山东：供热机组、单一电价储能机组和自备机组有条件参与市场，核电参与市场。
- 浙江：统调水电可参与市场，新能源不参与市场。
- 福建：核电、水电、风光电、抽蓄、燃气和自备机组不参与市场。
- 四川：弃水期，仅水电参与现货电能量市场，非弃水期，仅火电参与现货电能量市场。
- 甘肃：水电、新能源特许权及扶贫机组不参与竞价，作为价格接受者参与现货市场，不报价格优先出清。
- 广东：A 类机组不参与现货市场（风、光、水、核、地调）。
- 蒙西：水电、抽蓄、自备电厂不参与现货市场。

附表 2　八个试点地区各类机组参与市场情况

试点地区	煤电	气电	水电	核电	风光	供热	自备/地调
山西	○	×	—	—	○	○	×
山东	○	—	—	○	—	○	○
浙江	○	○	○	○	×	—	—

续表

试点地区	煤电	气电	水电	核电	风光	供热	自备/地调
福建	○	×	×	×	×	×	×
四川	○	—	○	—	×	—	—
甘肃	○	—	○	—	○	—	—
广东	○	○	×	×	×	—	×
蒙西	○	—	×	—	○	○	×

注：○表示参与，×表示不参与，—表示无此类电源。

3. 辅助服务市场

八个试点地区除了蒙西外均开展了辅助服务市场，市场主要交易品种有调频、深度调峰、备用。山东、福建、甘肃区域调峰市场优先出清，作为省内市场边界。

（1）调频。除蒙西外，各地区调频市场均采用“集中竞价、统一出清”方式。山西、山东在运行日机组组合确定后单独开展调频市场，且规定参与调频市场的机组不能参与能量市场（含深度调峰）；浙江采取省内调频、短期备用与现货市场联合优化出清方式；四川、甘肃与电能量市场分别优化、独立出清；广东与电能量市场分开出清，调频市场出清后修改机组出力范围，参与电能量市场。福建调频市场单独开展，实时平衡市场系统平衡由调频机组负责，调频机组不参与实时平衡市场交易。

（2）深度调峰。山西、甘肃和福建设置了深度调峰市场，采用“集中竞价、统一出清”方式，山西风火深度调峰与现货市场联合优化出清，需启动深调市场时，依据日前市场出清结果安排火电依次深调，新能源等比例增发；甘肃则分别优化、独立出清，火电机组 50%出力以下部分参与深调市场竞价，减少出力按照现货价格与增出力新能源发电权交易。福建采用“集中竞价、独立出清”方式，深度调峰仅火电机组参与，按照 60%出力以下按报价与下调容量乘积给予补偿，启停调峰有火电、单机 5 万千瓦及以上水电机组参与，在满足启停次数要求后根据日前启停调峰报价按台次补偿。

（3）备用。浙江、四川设置了备用市场。浙江短期备用市场与现货市场联合优化出清，交易品种有 10 分钟备用和 30 分钟备用；四川特指燃煤火电短期备用市场，与电能量市场分别优化、独立出清，根据日前报价竞争结果，按 PAB 方式结算。

4. 交易结算

八个试点地区主要交易结算方式根据交易类型确定，基数电量（优先电量）均根据政府批复的上网电价结算。

山西、山东、四川、甘肃、广东、蒙西：一是中长期交易按照合同约定价格结算；二是日前市场出清曲线与中长期交易曲线之间的偏差，按照日前市场出清结算；三是实际执行曲线与日前交易曲线之间的偏差，按照实时市场价格结算。

福建的交易结算具有一定特殊性：一是中长期交易按照合同协商价格结算，同时，进入现货市场的基数日分解电量与实际交易电量之间的差量根据批复上网电价和现货市场交易价格的差价进行结算。二是实时平衡机制结算，机组调节服务根据实际上调（下调）电量与上调（下调）边际价格结算，还需要减去考核费用和分摊费用。

（三）试点首次试运行情况

1. 广东

广东电力现货市场运行按照模拟运行、结算试运行、正式运行三个阶段推进。2018 年 8 月 31 日启动南方（以广东起步）电力现货市场模拟运行；2019 年 5 月和 6 月，开展了两次电力现货结算试运行。平均出清价格约 0.3 元/千瓦时，比煤机标杆上网电价低 0.15 元/千瓦时。

试结算情况：10 月 18—19 日开展现货环境下中长期市场交易和 10 月 21—27 日开展为期一周的现货结算试运行，发电侧最高申报价格 0.8 元/

千瓦时、最低申报价格 0 元/千瓦时、平均申报价格 0.428 元/千瓦时。但受结算试运行期间电力供需宽松、大部分电量已由中长期合同锁定等原因影响，出清价格普遍偏低。日前实时最高出清价格分别为 0.895 元/千瓦时、0.92 元/千瓦时（低于出清价格上限 1 元/千瓦时），最低出清价格均为 0.07 元/千瓦时，平均出清价格分别为 0.256 元/千瓦时、0.247 元/千瓦时，明显低于煤机标杆上网电价 0.453 元/千瓦时（含脱硫、脱硝价格）。

2. 山西

在 2019 年 8 月开展了调电不结算试运行；9 月 1 日开展了日结算试运行；9 月 18—24 日，开展连续 7 天现货市场结算试运行。

结算试运行情况：发电侧火电企业日均报价 271.08～290.60 元/兆瓦时；日前市场出清价格范围 0～300 元/兆瓦时，平均价格 165.34 元/兆瓦时；实时市场出清价格范围 0～330 元/兆瓦时，平均价格 169.12 元/兆瓦时，日均价在 153.35～189.02 元/兆瓦时。

3. 甘肃

2018 年 12 月 27 日启动试运行，2019 年 6 月 14 日进行了日前现货市场出清结果试调度，7 月 17 日开始实时市场试调度，9 月 20—26 日开展结算试运行调度。

结算试运行情况：所有市场主体均参与市场申报。火电报价集中在 210～360 元/兆瓦时，光伏报价集中在 50～140 元/兆瓦时，风电报价集中在 50～200 元/兆瓦时，日均报价 110～124 元/兆瓦时。日前市场出清价格范围 50～316 元/兆瓦时，实时市场出清价格范围 50～360 元/兆瓦时，7 日均价在 96～217 元/兆瓦时范围内波动。

4. 浙江

2019 年 9 月 18—19 日顺利开展调电试运行，9 月 20—26 日圆满完成首次连续 7 天结算试运行。

试结算运行情况：7 天试结算期间煤机日均报价为 287～331 元/兆瓦时，燃机日均报价在 679～716 元/兆瓦时。出清价格与浙江省火电边际发电成本接近，日前市场日平均价格在 252.93～286.55 元/兆瓦时，实时市场日平均价格在 243.5～280.54 元/兆瓦时。日前与实时市场出清价格偏差较小。

辅助服务市场情况：调频辅助服务市场容量需求 100 万千瓦，调频日最高价格为 1648.28 元/兆瓦时。

5. 四川

2019 年 9 月 26—30 日开展连续 5 天调电试运行，其中 2 天开展连续结算试运行。

受丰水期供需形势影响，日均低谷供需比为 4.31，日均高峰供需比为 2.29，现货市场结算试运行发电侧均价偏低，水电出清价格基本为“地板价”（最低值为 0 元/兆瓦时，最高值为 40 元/兆瓦时）。

6. 福建

2019 年 9 月 21—27 日开展了连续结算试运行。

试结算情况：市场平均出清价格 373.13 元/兆瓦时（较火电标杆电价约低 20 元/兆瓦时），最高出清价格平均为 397.86 元/兆瓦时，最低出清价格平均为 328.29 元/兆瓦时。

7. 山东

2019 年 9 月 20—26 日，山东电力现货市场组织开展了连续结算试运行。

试结算情况：发电侧日均报价 299.50～339.92 元/兆瓦时；日前市场出清价格在 67.5～462.3 元/兆瓦时，日均价格在 279.38～391.02 元/兆瓦时；实时市场出清价格在 0～504.6 元/兆瓦时，日均价格在 237.55～

400.75 元/兆瓦时。

总平均结算电价为 389.05 元/兆瓦时，相对标杆电价 394.9 元/兆瓦时、下降 5.85 元/兆瓦时，较现有中长期电力交易结算价格高 1.34 元/兆瓦时。

8. 蒙西

2019 年 6 月 28 日启动模拟试运行，9 月 21—27 日开展连续 7 天结算试运行。火电卖出报价主要集中在 130~300 元/兆瓦时，买入报价主要集中在 0~175 元/兆瓦时。

试结算运行情况：日前市场出清价格最高为 999 元/兆瓦时，最低为 147.5 元/兆瓦时，平均价格为 160.71~297.72 元/兆瓦时。实时市场最高出清价格 1000 元/兆瓦时，最低出清价格为 0~260.25 元/兆瓦时，平均出清价格为 238.90~526.35 元/兆瓦时。

发电侧中长期合约平均价格为 235.7 元/兆瓦时，试运行期间蒙西供需形势较为紧张，现货交易结算平均价格为 327.3 元/兆瓦时，较中长期合约价提高 91.6 元/兆瓦时。9 月 21—27 日现货交易最高结算电价为 421.0 元/兆瓦时，最低结算电价为 151.8 元/兆瓦时。其中，日前交易最高结算电价为 283.8 元/兆瓦时，最低结算电价为 150.0 元/兆瓦时，平均结算电价为 214.3 元/兆瓦时；日内实时交易最高结算电价为 1000.0 元/兆瓦时，最低结算电价为 55.7 元/兆瓦时，平均电价为 318.2 元/兆瓦时。

（四）试点情况相关分析

1. 各试点都完成了通知规定的目标任务，为我国建立电力现货市场积累了经验

八个电力现货市场试点都按照通知的要求，建立了现货市场相关规则。在构建电能量市场时，各试点均秉持“中长期交易规避风险、现货交易发现价格”的思路，将电能量市场划分为“中长期电能量市场”和“现

货电能量市场”。在处理两个市场的关系时，各试点也均坚持“中长期交易为主、现货交易为辅”的原则。在电力市场模式选择上，各试点则出现了一定的分化，比如，广东、山东、山西试点主要采用“集中式”电力市场模式，省内中长期交易采用差价合约形式，不需要物理执行，仅作为结算依据。而蒙西、四川则采用了“分散式”电力市场模式，中长期交易合约需要物理执行，市场偏差需要通过现货交易予以平衡。在省内现货电能量市场（本部分提及的市场，除明确标明外，均指省内现货电能量市场）建设方面，广东、山东、蒙西、四川、山西均采用日前市场和实时市场。其中，蒙西在日前和实时市场之间增加了一个日内市场，以日内的后 4 小时为周期开展交易。

在市场出清机制方面，多家试点在市场初期也基本沿用“发电侧报量报价、用户侧报量不报价”的思路。广东日前现货市场采用全电量申报和集中优化出清方式，得到运行日的机组开机组合、分时发电出力曲线以及分时节点电价。实时电能量市场同样采取全电量集中优化出清的方式开展，发电侧采用日前电能量市场封存的申报信息，用户侧无须申报。山东试点的日前电能量市场也是全电量申报、集中优化出清，形成运行日发电计划和分时节点电价。日内实时平衡机制采用基于日前封存的发电侧单边报价、全电量集中优化出清的方式。蒙西现货电能量交易主要采用“集中申报、统一出清”的方式开展，通过优化计算得到机组开机组合、分时发电出力曲线以及分时电价，日前交易按日组织，采用“分段报价、集中出清”的方式。四川试点日前市场和实时市场均采用“集中竞争、统一出清”的方式。值得注意的是，四川日前市场出清的边界条件充分考虑到弃水期和非弃水期两种情况，弃水期将水电优先电量纳入边界条件，非弃水期将火电优先电量纳入边界条件。山西试点省内日前市场采取全电力优化、全时空配置、集中优化出清的方式组织开展，以次日全部省内用电需求预测和中长期外送交易结果作为竞价优化空间。省内现货市场预出清，以平衡后的富余发电能力为交易空间，参与日前省间现货交易。在日前发电计划的基础上，通过省内实时市场调节省内发用电偏差。

在价格形成方面，各试点地区基本都采取了分时节点电价（分区电价）的定价机制。《广东电力市场基本运营规则》显示，日前市场和实时市场形成分时节点电价作为现货市场电能价格。节点电价由系统电能价格与阻塞价格两部分构成，系统电能价格反映全市场的电力供需情况，阻塞价格反映节点所在位置的电网阻塞情况。发电企业（机组）以机组所在节点的节点电价作为现货电能量市场价格。售电公司、批发用户以全市场节点的加权平均综合电价作为现货电能量市场价格。山东现货市场以分时节点电价作为市场价格。发电企业通过市场竞价形成电能量市场价格，以其对应上网节点的节点电价作为现货电能量市场价格；用户侧市场价格为“发电侧加权平均电价”。蒙西现货市场通过集中竞价的方式形成分时区域电价（或分时节点电价）作为市场电能量价格，市场运行初期以全网统一分时电价作为过渡。四川省内日前市场和实时市场均采用系统边际电价（同时发布分区节点电价，但是在市场初期并不采用）方式定价。山西现货市场采用分时电价机制，但要求出清模型具备节点电价计算能力，并明确将依据试运行期间电网阻塞情况适时采用分区或节点电价机制。另外，为综合考虑发电企业运营、市场用户电价承受能力等因素，以避免市场价格大幅波动，并降低市场风险，上述几个试点地区均采取了限价制度，对市场申报价格和出清价格设置了上下限。

在电能量市场之外，各试点地区除蒙西外均于市场初期开通了现货辅助服务市场。现阶段，广东试点开展的是调频辅助服务交易，与电能量市场分开独立运行，以日前和实时为周期、采用集中竞争方式开展现货交易；山东试点现阶段继续完善调频辅助服务市场，采用集中竞价方式，与现货电能量市场协调出清；四川省内辅助服务市场交易品种包括火电短期备用辅助服务和 AGC 调频辅助服务市场，与电能量市场分别优化，独立出清［值得注意的是，四川省内辅助服务市场采用PAB（按报价结算）方式出清］；山西试点辅助服务交易包括省内调频交易、省内风火深度调峰交易（在现货市场建设初期予以保留，以鼓励火电企业进行灵活性改造），允许火电企业参与日前、日内华北跨省调峰交易。

2. 试点工作推进过程中也发现一些问题，未来还需进一步完善

一是现货市场规则设计过于复杂，电力市场关系尚未理顺。我国电力市场仍是计划与市场“双轨”运行，全面放开经营性用户发用电计划后，发电侧放开规模与用电侧不匹配，影响市场总体推进。当前电力体制改革仍是以省为实体推进，但省间与省内市场的衔接目前还缺乏一套完善的机制。如当前省间、省内市场均有多个交易品种，省内现货市场、区域、省内辅助服务市场、省间富余可再生能源现货市场共同运行，时序衔接复杂，市场运行效率仍有提升空间。此外，还存在中长期交易与现货市场衔接的问题。在电力现货市场试点的探索中，中长期交易与现货市场已经初步衔接了起来，但还有一些具体问题有待在未来持续探索完善。如在试运行期间，出现了现货市场价格普遍偏低的现象，价格发现作用未充分发挥。长期来看，还可能影响用户签订中长期合同的积极性。

二是现货市场电力价格发现功能仍有待完善。部分试点地区电力现货价格水平过低，2019年八个试点地区的试结算工作中，70%以上的电力现货市场出清均价水平很低，日均价格曾经出现每度0分到每度几分钱。国际电力市场中普遍是在有补贴的电源种类在大量生产、超过负荷需要的时段出现，而国内出现低价的地区均没有占比很高的非水可再生能源，并且其中一个还以煤电为主。市场参与主体不全制约了电力现货市场价格发现功能。全部试点地区中，或多或少均有负荷侧和发电侧主体没有参加电力现货市场出清。负荷侧没有参加出清的主体，普遍是外送主体，常见的供给侧没有参加出清的主体是外受电、可再生能源。部分机组计划调度、部分机组参加现货市场，会使现货市场的供需与自然（或真实）的供需发生

偏离，极端情况下发现的市场价格异常程度较大，受到市场主体质疑。

三是电力现货市场相关运行机制仍不完善。如何根据各省的实际情况设计新能源参与电力市场的机制，实现新能源发电保障性收购与市场交易有序衔接，以实现新能源消纳的目标是我国电力市场建设需要重点解决的难题。从市场理论和国外实践经验来看，电力现货市场是以变动成本比较为竞争基础的市场，天然有利于变动成本近似为零的可再生能源参与竞争，因此在世界范围内可再生能源消纳情况好的国家和地区，基本上都是施行电力现货交易机制的国家和地区。2019 年试点地区中的北方某风电大省，个别时段出现了由于风电不成交，险些弃风的情况。与此同时，电力现货市场电费结算产生亏空的问题也影响着市场健康持续运行。试点地区现货市场电费结算产生的亏空，主要是指电网企业从用户收取的电力现货市场电费小于应支付发电企业的电力现货市场电费。部分试点地区将这部分亏空的费用称为“不平衡费用”。在 2019 年的试结算过程中，“不平衡费用”比较高的地区可以达到日均 500 万~1000 万元，远远高于成熟电力市场的水平。

四是信息披露达不到要求。试结算信息披露不尽如人意，部分试点地区信息披露内容较少，目前能够查询到的试结算信息很少。电力现货市场相对于原计划调度的信息披露要求，增加了不止一个量级，需要披露的信息包括交易规则、交易公告、输电通道可用容量、系统负荷预测、系统可再生能源功率预测汇总数据、市场成交信息等，以保障市场公开、公平和公正。尤其是，我国大部分试点选择了集中式市场，50% 的试点地区配合使用了节点边际电价，这是对信息披露要求最高的市场设计。信息披露不全造成市场主体集体盲人摸象，市场风险陡然加大。

三、思考和建议

电力现货市场试点实操伊始遇到的问题，必然引发对各项配套政策的思考，配套政策的完善和改革，事关电力现货市场建设，乃至电力体制改革要经历多少曲折。由于任何地区都没办法一步从计划体制跨越到市场机制，客观存在的现实问题可能会迫使部分试点地区试结算向计划体制做了不少妥协。当试结算已经证明电力现货市场机制基本适用于我国电力系统之后，我们应当努力的方向就是坚定市场信心、修改不适应电力现货交易需要的各项既有制度。

（一）进一步深化电力行业市场化改革

电力体制改革本质是以电力市场化为目标导向的综合性改革，局部调整仅仅是一定程度的计划体制改良，单兵突进难免被其他未参与调整的计划职能绊住手脚、停滞不前。改革过程中存在各式各样的困难与羁绊并不可怕，最让人担心的是中道而止。在当前电力行业市场化改革工作的基础上，要加快《中华人民共和国电力法》《电网调度管理条例》等电力行业根本法律法规的修订工作，将建立电力现货市场为核心的现代电力市场体系写入法律法规，避免合乎文件却不合法的尴尬情况出现。同时，组织专门的队伍进一步推动电力行业市场化改革工作，以系统思维协调各项改革内容，围绕电力现货市场试点工作，梳理不同改革内容之间的逻辑关系，形成具体的树形改革内容体系和分阶段目标，在实践过程中对于发现的阻碍改革的体制问题，积极研究解决方案。

（二）加快推动全部主体参与电力现货市场

双轨制是中国经济转型所采取的一种特殊制度安排，改革开放40多年来，很大一个特征就是双轨制下的增量改革，有学者总结为中国特色的改革经验。但是双轨制也有其明显的弊端。一方面，双轨制类似于同一条道路上同时实施可以靠左行驶和靠右行驶的双重规则，这会造成一定程度的混乱。另一方面，双轨价格的并存会助长两轨之间的倒买倒卖和权力寻租现象。经济学者普遍认为双轨制的实施是我国改革初期摸索前进的必然结果，虽然它的存在有一定合理性，但在实施过程中付出了不小的代价。电力现货市场建设采用了试点先行的做法，少量试点（大部分地区原有计划调度制度不变）同样可以起到双轨制初期稳定“基本盘”的作用，特别是今天我们清晰认识并经历过历史上双轨制的副作用后，电力现货市场双轨制应当慎用。因此，所有接入系统的电气设备的经济关系均应由电力现货市场交易形成，至少应保证全部发电单元和终端负荷用户均参加电力现货市场，或给出明确的参加时间表。

（三）尽量避免行政手段对电力现货市场的直接干预

我们建立电力现货市场的初衷是发挥其市场价格发现功能，如果允许用行政手段简单粗暴地对市场价格进行强制干预，那么现货市场的价格发现功能肯定大打折扣，原来的电力价格定价准确性、及时性差，甚至扭曲真实的价格等问题将始终伴随着电力市场。任何意图通过行政手段干预市场价格的行为，一定会带来更大的问题。例如，人为压低的上限价格、抬高的下限价格会向市场主体发出错误信号，如果传导到用户端的峰谷价差幅度低于用户目前使用的峰谷电价价差幅度，那么会恶化负荷侧的用电曲线，拉大峰谷差，进而会给电力系统运行的经济性造成负面影响；下限过高，则会让可再生能源无法发挥变动成本近似为零的优势，抑制电力现货市场机制促进可再生能源消纳的友好天性，甚至可能对我国改善用能结构、实现能源革命目标制造障碍。如果直接干预现货市场成为习惯，计划体制的痼疾会再次爆发，过高的低谷电价导致常规机组能够承受继续开机（维持较高功率损失很小），造成可再生能源消纳空间不足。

（四）逐步增强市场监管能力

市场的健康有序运行离不开有效监管。电力市场特别是现货市场对市场监管能力提出了更高的要求，电力现货市场更加突出了电力的物理属性，要求实时平衡，更强的技术特性要求监管人员必须具备市场涉及的经济、法律、电力调度等多方面知识，手段、装备都要信息化、现代化，才能依据规则“吹哨子”。一方面，监管工作需要足够的运行费用，不能和过去一样使用企业提供的监管便利条件，更要保持和监管对象管理系统、技术装备同步（甚至水平更高）的资金配置，才能形成足够的“战略威慑”。另一方面，管发展是政府转型和服务型政府建设的体制基础，是完成党中央提出的国家治理体系和治理能力要求的需要。电力市场的第一代监管人员一定是从原来政府管制部门转型而来。当然，政府官员转型为职业监管者需要一个过程，单单依靠监管机构完成监管工作是不现实的，繁杂而专业化的监管工作需要引入“外脑”，可以考虑以PPP的方式动员分散在科研院所、社会各界的专业力量参与监管，并最大限度避免“监管俘获”。此外，应当优化发电企业国有资产的考核管理方式。避免出现没有进行协调统筹国有资产管理的激励机制和市场化的要求，甚至两者还存在冲突的可能现象。

在可预见的未来，我国电力体制改革的顶层设计和电力行业市场化改革的实践，只有进行时，没有完成时，只要遵守电力市场的基本经济规律，稳扎稳打与蹄疾步稳相结合，把电力现货市场建设视为测试其他配套制度是否需要改革的探针，就能实现电力现货市场建设对其他改革任务的引领作用，最终实现电力行业市场化改革推动电力工业高质量发展的根本目的。

参考文献

［1］国家发展改革委办公厅，国家能源局综合司．关于开展电力现货市场建设试点工作的通知［Z］. 2017-08.

［2］国家发展改革委办公厅，国家能源局综合司．关于深化电力现货市场建设试点工作的意见［Z］. 2019-07.

[3] 谷峰．电力现货市场试结算后市场化的努力方向［J］．南方能源观察，2020（1）．

[4] 丁一，谢开，庞博，等．中国特色、全国统一的电力市场关键问题研究（1）：国外市场启示、比对与建议［J］．电网技术，2020（7）．

[5] 葛睿，陈龙翔，王轶禹，等．中国电力市场建设路径优选及设计［J］．电力系统自动化，2017（24）．

[6] 袁家海，席星璇．我国电力辅助服务市场建设的现状与问题［J］．中国电力企业管理，2020（7）．

[7] 刘光林．电力现货连续试结算加速推进［J］．中国电业，2020（8）．

[8] 我国电力现货市场如何再推进？——两部委解读深化试点意见［J］．资源节约与环保，2019（8）．